Auxiliando a humanidade a encontrar a Verdade

Série
Memórias do Espiritismo

Fotos e ilustrações da página anterior (de cima para baixo, a partir da esquerda):
Gabriel Delanne, Bezerra de Menezes, Allan Kardec, Leon Denis; William Crookes, Alfred Russel Wallace, Alexander Aksakof, Oliver Lodge; Yvonne do Amaral Pereira, Alfred Binet, Ernesto Bozzano, Arthur Conan Doyle; Hercílio Maes, Caibar Schutel, Gustavo Geley, Eurípedes Barsanulfo; Victor Hugo, Charles Robert Richet, Cesare Lombroso, Pierre Gaetan Leymarie; Andrew Jackson Davies, Camille Flammarion, Francisco Cândido Xavier, Emanuel Swedenborg.

Reconhecemos a ausência de inúmeros expoentes do espiritismo nesta galeria de imagens. Em razão do limitado espaço, escolhemos apenas algumas personalidades ilustres para representar todos aqueles que gostaríamos de homenagear.

O Gênio Celta
e o Mundo Invisível

© 2015 – Conhecimento Editorial Ltda.

O Gênio Celta e o Mundo Invisível
Le Génie Celtique et le Monde Invisible
Léon Denis (1846-1927)

Todos os direitos desta edição reservados à
CONHECIMENTO EDITORIAL LTDA.
Rua Prof. Paulo Chaves, 276 - Vila Teixeira Marques
CEP 13480-970 – Limeira – SP
Fone/Fax: 19 3451-5440
www.edconhecimento.com.br
vendas@edconhecimento.com.br

Nos termos da lei que resguarda os direitos autorais, é proibida a reprodução total ou parcial, de qualquer forma ou por qualquer meio – eletrônico ou mecânico, inclusive por processos xerográficos, de fotocópia e de gravação – sem permissão por escrito do editor.

Tradução: Mariléa de Castro
Projeto gráfico: Sérgio Carvalho
Ilustração da capa: Banco de imagens

ISBN 978-85-7618-337-2
1ª Edição – 2015

• Impresso no Brasil • Presita en Brazilo

Produzido no departamento gráfico da
CONHECIMENTO EDITORIAL LTDA
Fone: 19 3451-5440
e-mail: conhecimento@edconhecimento.com.br

Dados Internacionais de Catalogação na Publicação (CIP)
Angélica Ilacqua CRB-8/7057

Denis, Léon, 1846-1927
O Gênio Celta e o Mundo Invisível / Léon Denis ; [tradução Mariléa de Castro] – Limeira, SP : Editora do Conhecimento, 2015. – [Série Memórias do Espiritismo ; v. 13]
202 p.

Título original: *Le Génie Celtique et le Monde Invisible*
ISBN 978-85-7618-337-2

1. Espiritismo 2. Celtas - Espiritualidade 3. Druidas e druidismo I. Título II. Castro, Mariléa de

15-0001   CDD – 133.93

Índices para catálogo sistemático:
1. Espiritismo

Léon Denis

O Gênio Celta
e o Mundo Invisível

Traduzido por Mariléa de Castro

1ª edição
2015

Série Mémórias do Espiritismo

Volume 1	Evolução Anímica	Gabriel Delanne
Volume 2	A Alma Imortal	Gabriel Delanne
Volume 3	O Espiritismo, a Magia e as Sete Linhas de Umbanda	Antonio Eliezer Leal de Souza
Volume 4	O Espiritismo Perante a Ciência	Gabriel Delanne
Volume 5	Pesquisas sobre a Mediunidade	Gabriel Delanne
Volume 6	As Forças Naturais Desconhecidas	Camille Flamarion
Volume 7	A Crise da Morte	Ernesto Bozzano
Volume 8	No Mundo dos Espíritos	Antonio Eliezer Leal de Souza
Volume 9	Urânia	Camille Flamarion
Volume 10	Tratado de Metapsíquica	Charles Richet
Volume 11	O Problema do Ser e do Destino	Leon Denis
Volume 12	O Mundo Invisível e a Guerra	Leon Denis
Volume 13	O Gênio Celta e o Mundo Invisível	Leon Denis
Volume 14	Viagem Espírita em 1862	Allan Kardec
Volume 15	Que é o Espiritismo	Allan Kardec

"O passado jamais morre completamente para o homem. Ele pode esquecê-lo, mas o conserva sempre dentro de si. Tal como é, em todas as épocas, o homem é o produto e o resumo de todas as épocas anteriores."

Fustel de Coulanges
La Cité Antique

Sumário

Introdução.. 11

Primeira parte: O território celta

1. • Origem dos Celtas. • Guerras gaulesas • Decadência e queda • A longa noite; o despertar • O movimento pancéltico. 17

2. • A Irlanda.. 31

3. • O País de Gales • A Escócia • A obra dos bardos.................... 37

4. • A Bretanha Francesa • Recordações dos druídas.................... 45

5. • Auvergne, Vercingetorix, Gergóvia e Alesia 53

6. • A Lorena e os vosges. • Joana D'Arc, alma celta..................... 64

Segunda parte: O druidismo

1. • Síntese dos druidas • As *Triades*: objeções e comentários 77

2. • Palingênese: Preexistências e vidas sucessivas • A lei da reencarnação.. 89

3. • A religião dos celtas, o culto, os sacrifícios, a ideia da morte 120

4. • Considerações políticas e sociais • Papel da mulher • A influência celta • As artes • Liberdade e livre-arbítrio............................. 132

Terceira parte: O mundo invisível

1. • A experimentação espírita.................................... 141

2. • Resumo e conclusão 151

3. • Mensagens dos invisíveis..................................... 155

   Mensagem 1 • A fonte única das três grandes revelações: budista, cristã e celta............................... 158

   Mensagem 2 • Evolução do pensamento através dos séculos. 161

Mensagem 3 • Mesmo tema 164

Mensagem 4 • Celtas e atlantes 166

Mensagem 5 • Da origem do corrente celta 167

Mensagem 6 • A corrente celta e o caráter francês 170

Mensagem 7 • Analogia do ideal japonês com o celtismo 172

Mensagem 8 • Processos espirituais dos druidas 174

Mensagem 9 • A diversidade das raças humanas 177

Mensagem 10 • O raio celta (cont.) 180

Mensagem 11 • Método de comunicação entre os espíritos
e os homens 182

Mensagem 12 • Origem e evolução da vida universal 185

Mensagem 13 • As forças radiante do Espaço • O campo
magnético vibratório 189

Mensagem 14 • O celtismo e a Natureza • A evolução do
pensamento 193

Mensagem 15 • Joana D'Arc, espírito celta anunciado
por Jules Michelet 196

Mensagem 16 • O celtismo na consciência francesa 199

Introdução

Em meio à crise que atravessamos, o pensamento, inquieto, se interroga; busca as causas profundas do mal que atinge todos os setores de nossa vida social, política, econômica, moral. As correntes de idéias, de sentimentos e de interesses se chocam violentamente, e disso resulta um estado de perturbação, de confusão, de desordem, que paralisa todas as iniciativas e se traduz na impotência de encontrar um remédio. Parece que a França perdeu a consciência de si mesma, de sua origem, de seu gênio, de seu papel no mundo.

Enquanto outros povos, essencialmente realistas, perseguem um objetivo mais preciso e determinado, porque mais material, a França sempre hesitou, no decurso de sua história, entre duas concepções opostas. Isso explica o caráter intermitente de sua atuação.

Às vezes ela se diz celta e apela a esse espírito de liberdade, de retidão e de justiça que caracteriza a alma da Gália. É à influência desta, ao despertar de seu espírito, que se deve atribuir a criação das comunas na Idade Média, e os feitos da Revolução. Às vezes ela se diz latina, e com isso ressurgem todas as formas de opressão monarquista ou teocrática, a centralização burocrática e administrativa, imitada dos romanos, junto com as habilidades e subterfúgios de sua política e os vícios e a corrupção dos povos envelhecidos.

Acrescentai a isso a indiferença das massas, seu desconhecimento das tradições, a perda de todos os ideais. Às alternâncias dessas duas correntes é que se deve atribuir as flutuações do pensamento francês, as saliências, as bruscas reviravoltas de sua atuação através da história.

Para recuperar a unidade moral, a consciência de si própria, o sentido profundo de seu papel e seu destino, isto é, tudo aquilo que torna fortes as nações, bastaria que a França abandonasse as teorias errôneas, os sofismas que lhe falsearam o julgamento e obscureceram-lhe o caminho, e reassumirem sua própria natureza, suas origens étnicas, seu gênio primitivo, em resumo, a tradição celta, enriquecida pelo trabalho e o progresso dos séculos.

A França é celta, não há dúvida possível sobre esse ponto. Nossos historiadores mais eminentes o atestam, e com eles numerosos escritores e pensadores, entre eles os dois Thierry, Henri Martin, J. Michelet, Édouard Quinet, Jean Reynaud, Renan, Émile Faguet e muitos outros. Se somos latinos pela educação e a cultura, dizem eles, somos celtas pelo sangue e pela raça.

D'Arbois de Jubainville nos repetiu com frequência, em suas aulas no College de France, como em suas obras: "Há noventa por cento de sangue gaulês nas veias dos franceses". De fato, se consultarmos a História, veremos que após a queda do Império, os romanos atravessaram em massa os Alpes e restaram muito poucos na Gália. As invasões germânicas passaram como furacões por nosso país; somente os francos, os visigodos e os burgúndios se fixaram o tempo suficiente para se fundirem com as populações autóctones. Mas os francos não eram mais de 38.000 quando a Gália contava com quase cinquenta milhões de habitantes.

Pode-se indagar como um território tão vasto pôde ser conquistado com recursos tão limitados. Isso é explicado por Édouard Haraucourt, da Academia Francesa, em um artigo substancial publicado na revista *Lumière*, de 15 de janeiro de 1926, e do qual falaremos mais adiante.

Todos os que conservaram no coração a lembrança de nossas origens apreciam reviver as glórias e reveses desse povo inquieto e aventuresco que é o nosso, recordar os infortúnios e provas que lhe grangearam tantas simpatias. Eu não pensaria em acrescentar algo a todos os textos célebres escritos sobre

12   Léon Denis

esse tema, se não tivesse um elemento novo a oferecer ao leitor para elucidar a questão de nossas origens,que vem a ser a colaboração do mundo invisível. Na realidade, foi por instigação do espírito de Allan Kardec que realizei este trabalho. Aqui se contém a série de mensagens que ele nos ditou por meio da incorporação, em condições que eliminam qualquer possibilidade de fraude. Ao longo desses diálogos, Espíritos já libertos da matéria nos trouxeram conselhos e ensinamentos.

Como veremos nessas mensagens, Allan Kardec viveu na Gália antes da conquista romana, e foi druida.

O dólmen que, a seu pedido, se acha sobre seu túmulo no Père-Lachaise, tem, portanto, um sentido. A doutrina espírita que o grande iniciador condensou e resumiu em suas obras, através das comunicações dos Espíritos obtidas em vários pontos do planeta, coincide em suas linhas principais com o druidismo, e constitui um retorno a nossas verdadeiras tradições étnicas, ampliadas pelos avanços do pensamento e da ciência e conformadas pelas vozes do Espaço. Essa revelação marca uma das etapas mais elevadas da evolução humana, uma era fecunda de penetração do invisível no visível, a colaboração dos dois mundos em uma obra grandiosa de educação moral e de reforma social.

Desse ponto de vista, suas consequências são incalculáveis. Ela oferece ao conhecimento um campo de estudos sem limites sobre a vida universal. Pelo encadeamento de nossas vidas sucessivas e as consequências que as unem, torna mais clara e rigorosa a concepção dos deveres e responsabilidades. Mostra que a justiça não é uma palavra vã e que a ordem e a harmonia reinam no Cosmo.

A que devo atribuir essa graça de ter sido auxiliado, inspirado e guiado pelos Espíritos dos grandes celtistas do Espaço? É que, disse-me Allan Kardec, vivi minhas três primeiras encarnações humanas no oeste da Gália, e guardei sempre as impressões dessa época remota. Eis porque, na presente existência, com dezoito anos, quando li *O Livro dos Espíritos* de Allan Kardec, tive a intuição irresistível de sua verdade. Parecia-me escutar vozes longínquas ou interiores falando-me de mil coisas esquecidas.

O Gênio Celta e o Mundo Invisível

Todo um passado ressuscitava, com uma intensidade quase dolorosa. E tudo que vi, observei e aprendi desde então só fez confirmar essa primeira impressão.

Este livro pode, portanto, considerar-se em grande parte como uma inspiração desse Além para o qual devo retornar em breve. A todos que o lerem, possa ele trazer uma vibração de nosso pensamento e de nossa fé comum, uma irradiação do Alto que fortifique as consciências, console as aflições e eleve as almas na direção dessa fonte eterna de toda a verdade, sabedoria e amor, que é Deus.

Primeira parte

Os territórios celtas

Capítulo 1

- Origem dos Celtas. • Guerras gaulesas • Decadência e queda • A longa noite; o despertar • O movimento pan-céltico.

Nos albores da História vamos encontrar os celtas estabelecidos em metade da Europa. De onde tinham vindo? Qual seu lugar de origem? Alguns historiadores situam o berço desse povo nas montanhas Taurus, no centro da Ásia Menor, próximo dos caldeus. Tendo se multiplicado, teriam atravessado o Ponto Euxino (Mar Negro) e penetrado até o coração da Europa. Atualmente, essa teoria parece ter sido abandonada juntamente com a hipótese dos árias.[1]

Camille Julian, do Colégio de França, em sua obra mais recente, *Histoire de la Gaule (História da Gália)*, limita-se a fixar em seis ou oito séculos antes da Era Cristã a chegada na Gália dos Kymris, o ramo mais recente dos celtas. Acredita que eles provinham da embocadura do Elba e das costas de Jutland, expulsos por um potente maremoto que os obrigou a emigrar na direção sul.

Chegando à Gália, encontraram um ramo mais antigo dos celtas, os gaélicos, ali estabelecidos havia muito tempo, e que eram de estatura mais baixa e geralmente morenos, enquanto os Kymris eram altos e louros. Essas diferenças ainda são perceptíveis na Armórica, onde a região costeira do Atlântico, em Morbihan, é povoada por homens baixos e morenos, misturados a elementos estrangeiros, atlantes ou bascos, que se misturaram

---

1 No entanto a hipótese ária, hoje, é um consenso indiscutível. Foi da análise das línguas européias que se chegou a estabelecer com segurança a existência dos árias, cuja língua original foi a raiz do sânscrito e depois de todas as línguas indoeuropeias (N.T.)

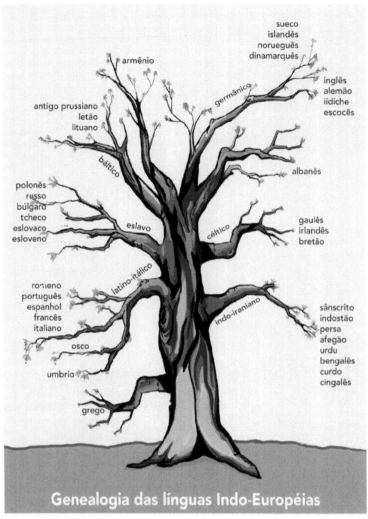

Genealogia das línguas Indo-Européias

com as populações primitivas, enquanto os celtas do Norte da região ou da Mancha têm uma população de estatura mais alta, e a eles vieram juntar-se os celtas bretões expulsos das Ilhas Britânicas pelas invasões anglo-saxônicas.

As hipóteses de Jullian são confirmadas pelo parentesco das línguas célticas e germânicas, semelhantes na estrutura, nos sons guturais, no excesso de letras duras como o K, o W etc. Em meio às correntes migratórias que se cruzam e entrecruzam na noite pré-histórica, a ciência encontra nos estudos linguísticos um processo seguro para reconstituir as raças humanas.[2] Esboçaremos apenas em traços gerais a história dos gauleses.

Sabemos que nossos ancestrais, durante séculos, fizeram ressoar pelo mundo o som de suas armas. Ávidos de aventuras, de glória e de combates, não podiam contentar-se com uma existência apagada e tranquila, e iam para a morte como para uma festa, tão grande era sua certeza do Além.

Conhecemos suas numerosas incursões pela Itália, Espanha e Alemanha e até o Oriente. Invadiam os territórios vizinhos e, pela lei do retorno, foram depois invadidos e ficaram impotentes.

A alma da Gália se encontra nas instituições dos druidas e dos bardos. Os druidas não eram apenas sacerdotes, mas também filósofos, sábios e educadores da juventude. Os ovates[3] presidiam às cerimônias do culto, e os bardos se dedicavam à poesia e à música. Exporemos mais adiante o que era a atuação e o verdadeiro caráter do druidismo.

No início de nossa era, os romanos já haviam penetrado na Gália, subindo o vale do Rhône (Rio Ródano) e, depois de ocuparem Lyon, avançaram até o centro do território.

Os gauleses resistiram com vigor e por vezes infligiram duras derrotas aos inimigos; contudo, estavam divididos e muitas vezes só ofereciam resistências localizadas. Sua coragem, que ia até a temeridade, seu desdém pelos ardis da guerra e pela morte se tornavam desvantagens para eles. Combatiam desordenadamente, nus da cintura para cima, com armas mal temperadas, contra adversários recobertos de metal, astuciosos e pérfidos, altamente disciplinados e com um armamento considerável para a época.

Vercingetorix, o grande chefe arverne, sustentado pelo poder dos druidas, conseguiu durante algum tempo levantar a

---

2 Arbois de Jubainville, em suas aulas no Colégio de França, às vezes fazia uma demonstração no quadro-negro para exemplificar o parentesco das línguas indo-europeias. Tomava uma palavra e a traduzia em gaélico, alemão, russo, sânscrito, grego e latim, e nessas diversas traduções, a palavra tinha a mesma raiz.
3 Ovate, do latim vates, "aquele que prediz o futuro", sacerdote gaulês que ficava entre os druidas e os bardos, na hierarquia druídica. (N.T.)

O Gênio Celta e o Mundo Invisível   19

Gália inteira contra César, e desencadeou-se uma luta monumental. Criado pelos bardos, Vercingetorix possuía qualidades que se impunham à admiração dos homens e os levavam à obediência e ao respeito. Seu amor pela Gália aumentava junto com o sucesso crescente das armas romanas.

Que diferença entre Vercingetorix e César! O herói gaulês, com uma fé robusta no poder invisível que rege os mundos, sustentado por sua crença nas vidas futuras, tinha o dever como regra de conduta, e como ideal a grandeza e a liberdade de sua terra. César, profundamente cético, só acreditava na sorte. Tudo nele era astúcia e cálculo; uma sede imensa de dominar o devorava. Depois de uma vida de devassidão, crivado de dívidas, viera para a Gália buscar na guerra os meios de recuperar sua situação financeira. Cobiçava de preferência as cidades mais ricas, e depois de entregá-las à pilhagem, via-se grandes comboios se encaminharem para a Itália levando o ouro gaulês para os credores de César.

Não é preciso lembrar que, em termos de patriotismo, César, perjuro, aniquilou as liberdades romanas e oprimiu seu país. Por certo não iremos negar o gênio político e militar de César, mas deve-se a bem da verdade lembrar que esse gênio era empanado por vícios deprimentes.

E é nos textos desse inimigo da Gália que se vai com frequência buscar a verdade histórica! É nos seus *Comentários*, inspirados pelo ódio, com a intenção evidente de se exaltar aos olhos de seus concidadãos, que se estuda a história da guerra das Gálias. Porém dois autores romanos, Pólio e Suetônio, reconhecem que essa obra está cheia de equívocos, de erros propositais.

Em resumo, os gauleses, ardentes, entusiastas, impressionáveis, se beneficiaram com a influência celta, essa grande corrente, veículo de elevadas inspirações que, desde épocas primevas, dominava todo o noroeste da Europa. Absorveram as irradiações magnéticas do solo, esses elementos que, em todas as regiões do globo, caracterizam e diferenciam os povos.[4]

Porém o seu ímpeto juvenil, sua paixão pelas armas e os combates os levaram longe demais, e as perturbações à ordem e

---

4 Ver, ao final (cap. XIII) as mensagens de Allan Kardec nºs 5 e 6, sobre as correntes celtas.

ao progresso regular recaíram pesadamente sobre eles, em virtude da lei soberana que faz retornar, sobre os indivíduos e os povos, as consequências de suas ações. Tudo que fazemos recai sobre nós através do tempo, em chuvas ou raios, em alegrias ou dores, e a dor é um agente eficaz na educação das almas e na evolução das sociedades.

* * *

O druidismo se empenhava especialmente em desenvolver a personalidade humana visando à evolução que lhe cabe. Cultivava suas qualidades ativas, o espírito de iniciativa, a energia, a coragem, tudo o que ajuda a enfrentar as provas, a adversidade e a morte, com uma confiança firme. Esses ensinamentos desenvolviam ao mais alto grau, nas criaturas, o sentimento do que é correto, da independência e da liberdade.

Por outro lado, acusam-no de haver negligenciado as qualidades passivas e os sentimentos afetivos. Os gauleses sabiam-se iguais e livres, mas não possuíam uma consciência suficiente dessa fraternidade nacional que mantém a unidade de um grande país e constitui sua proteção na hora do perigo.

O druidismo necessitava desse complemento que o cristianismo de Jesus lhe trouxe. Falamos do cristianismo primitivo, ainda não modificado pela ação do tempo, e que, nos primeiros séculos, tinha tantas analogias com as crenças celtas, pois admitia a unidade de Deus, as vidas sucessivas e a pluralidade dos mundos.[5]

Eis porque os celtas o adotaram facilmente, pois estavam preparados para ele por suas próprias crenças. Ainda no século IV pode-se ver, pela controvérsia de S.Jerônimo com o gaulês Vigilancius, de S. Bertrand de Comminges, que a grande maioria dos cristãos dessa época admitia a pluralidade das existências.

Convictos da ideia de que os animava um princípio imortal, igual em todos na origem e no destino, nossos antepassados não podiam suportar a opressão. E, igualmente, suas instituições políticas e sociais eram eminentemente republicanas, democráticas. E é nelas que se deve buscar a fonte das aspirações

---

5 Ver minha obra *Cristianismo e Espiritismo*.

igualitárias, liberais, que são uma das facetas de nosso caráter nacional.

Todos os gauleses participavam da eleição do senado, cuja missão era criar as leis. Cada província elegia seus chefes temporários, civis e militares. Nossos ancestrais não tinham diferenças de casta. Para eles, os direitos humanos decorriam de sua própria natureza, da imortalidade que os tornava, por princípio, iguais.

Não admitiriam que um guerreiro, mesmo um herói, pudesse se apossar do poder e impor-se sobre o povo. As leis gaulesas declaravam que uma nação sempre se coloca acima do indivíduo.

No momento em que César penetrou na Gália, a unidade nacional estava se preparando, graças à ação dos druidas e da população. Se a paz tivesse permitido a realização desse grande projeto, as repúblicas gaulesas, unidas por laços federativos, como os cantões suíços ou os Estados Unidos da América, teriam formado, desde essa época distante, uma grande nação. Mas as dissenções, as rivalidades dos chefes, comprometeram tudo. Pouco a pouco havia se formado uma aristocracia nas tribos. Graças a sua riqueza, alguns chefes gauleses haviam se cercado de numerosos servidores e partidários, com os quais influíam sobre as eleições e comprometiam a ordem pública. Haviam se criado partidos. Para vencerem os rivais, alguns se apoiavam nos estrangeiros, e daí seguiu-se o fracionamento da Gália e depois sua subjugação.

Costumam repetir-nos que, em troca de sua independência perdida, a Gália colheu grandes vantagens da dominação romana. Sim, sem dúvida Roma trouxe a nossos antepassados alguns progressos materiais e intelectuais. Sob seu impulso abriram-se estradas, ergueram-se monumentos, construíram-se grandes cidades. Mas tudo isso provavelmente teria se criado na continuação, sem Roma, e tudo isso não substituía a liberdade perdida.

Quando a guerra terminou, dois milhões de gauleses tinham perecido nos campos de batalha. Roma impôs um tributo anual de 40 milhões de sestércios. A Gália, despojada de homens e de dinheiro, abaixou-se, agonizante, sob o machado dos lictores.

Depois, quando novas gerações cresceram, e a Gália já tinha curado suas feridas vivas, o astro de Roma começou a em-

22 Léon Denis

palidecer. Da profundeza dos bosques e pântanos da Alemanha, como bandos de lobos famintos, os francos acorreram sobre os despojos.

Quem eram afinal esses francos, que emprestaram o nome à Gália? Eram bárbaros, como aquele Ariovisto que se vangloriava de ter ficado quatorze anos sem dormir embaixo de um teto. Os francos eram uma tribo germânica, e não eram mais de 38 mil. Porém, ao invés de transmitir à Gália a sua barbárie, mesclaram-se nela. E no entanto, os gauleses apenas trocaram seus opressores. Os francos dividiram entre eles a terra e implantaram aqui o feudalismo. Aqueles reis preguiçosos e cruéis, aqueles nobres da Idade Média, duques, condes e barões, eram na maioria francos ou burgúndios, e seus instintos rudes denunciavam-lhes a origem.

Se a dominação romana, que durou quatro séculos, trouxe alguns benefícios à Gália, por outro lado sua administração rapace consumou-lhe a ruína, consumindo-lhe toda a energia de resistência.

Lei da evolução que não tem fim, sendo infinita ascensão da alma. A alma cristã aspira ao repouso, à beatitude no seio de Deus; a alma celta busca desenvolver suas potencialidades íntimas afim de participar, de forma cada vez mais ampla, em círculos progressivos da vida e da obra do universo. A alma cristã é mais amorável, a celta é mais viril. Uma busca ganhar o céu pela prática das virtudes, da abnegação e da renúncia; a outra quer conquista *gwynfydj* pela ação de suas forças adormecidas. Mas ambas têm sede de infinito, de eternidade, do absoluto. A alma celta, além disso, tem a percepção do invisível, a certeza do Além e o culto intenso da natureza.

Com frequência essas duas almas coexistem, ou antes se sobrepõem, nas mesmas criaturas. É o caso de muitos de nossos compatriotas; neles, essas almas ainda se desconhecem uma à outra, mas um dia acabarão se unindo.

Será preciso lembrar que a doutrina do Cristo também havia perdido, em muitos pontos, seu sentido original? A França se deparou com uma doutrina teológica que tinha restringido as coisas, reduzindo as proporções da vida a uma única existência terrestre, bastante desigual para os indivíduos, paralisando-os

O Gênio Celta e o Mundo Invisível

depois numa imobilidade eterna. A perspectiva do inferno tornava a morte mais ameaçadora. Fez de Deus um juiz cruel que, tendo criado o homem imperfeito, o punia por isso sem possibilidade de reparação. Daí o avanço do ateísmo, do materialismo, que por fim fizeram da França uma nação em sua maioria cética, desprovida de força moral, daquela fé robusta e esclarecida que torna fácil o cumprimento do dever, as provas suportáveis, e confere à existência uma finalidade prática de evolução e aperfeiçoamento.

O jugo feudal e teocrático pesou sobre ela por muito tempo; depois, chegou a hora em que reconquistou sua liberdade de pensar e crer.

E então se quis passar por um crivo todo o legado dos séculos e, sem considerar o que fosse bom e belo, e sob o pretexto de crítica e análise, nos entregamos a uma ação obstinada de desagregação. A certa altura, não se descortinava, nos domínios do pensamento, senão escombros; não restava de pé nada do que havia constituído a grandeza do passado, e só nos restava a poeira das ideias.

Escritores talentosos e pensadores conscienciosos dedicaram-se, em suas obras, a ressaltar o valor e a importância do druidismo, mas seus trabalhos não penetraram nos níveis mais profundos da nação. Vimos até, com espanto, acadêmicos e figuras distintas do magistério se unirem aos teólogos para denegrir e disfarçar as crenças de nossos ancestrais. A tarefa secular de destruição foi tão completa, tão profunda foi a noite que se fez sobre suas concepções, que raros são aqueles que ainda percebem sua força e beleza.

Seria um fator de fraqueza, e por conseguinte um infortúnio para a França, ser ela privada de uma noção precisa sobre a vida e a morte de acordo com as leis da natureza e as intuições mais profundas da consciência. Durante séculos ela esqueceu suas tradições, perdeu de vista o gênio de seu povo e as revelações dadas a seus ancestrais para orientar-lhes a caminhada na direção de uma meta superior.

Essas revelações diziam que o princípio de vida existente no homem é indestrutível, que as forças, as energias que se agitam em nós não podem ser condenadas à inação, que a personalidade humana deve se desenvolver através do tempo e do espaço para adquirir as qualidades e as potencialidades novas que lhe permitirão desempenhar um papel cada vez mais importante no universo. E eis que essa revelação se repete, se renova. Como na época dos celtas, o mundo invisível intervém. Faz um século que a voz dos espíritos se faz ouvir em toda a superfície da Terra. E prova que nossos ancestrais não estavam enganados. Suas crenças estão confirmadas pelos ensinamentos de além-túmulo, com respeito à vida futura, à evolução, à justiça divina, em suma ao conjunto de regras e leis que regem a vida universal.

Graças a essa luz, o infinito se abriu para nós até o íntimo de sua profundeza. Em vez de um paraíso beato e de um inferno ridículo, entrevimos o imenso desfile de mundos que são outros tantos estágios que a alma percorre em sua longa peregrinação, na ascensão para Deus, construindo e possuindo em si mesma a felicidade e a elevação através dos méritos adquiridos. Em lugar da fantasia e da arbitrariedade, vê-se por toda parte a ordem, a sabedoria e a harmonia.

Por isso dizemos às gerações que surgem e buscam um ideal capaz de substituir as pesadas teorias escolásticas: retornai conosco a essas duas fontes, que formam uma única, confundindo-se pela sua identidade; retornai às fontes puras onde nossos ancestrais dessedentaram o pensamento e a alma. Dali extraireis a força moral e as qualidades viris, o ideal elevado, sem os quais a França ficaria condenada a uma decadência irremediável, à ruína e à morte!

* * *

Durante séculos os celtas ocuparam no Ocidente da Europa a mesma posição. Empurrados pelas tribos germânicas no continente, e pelos anglo-saxões nas Ilhas Britânicas, perderam a unidade, mas não a fé no futuro. A Gália se tornara a França, e só se falava a língua original na península armoricana. Nas Ilhas, os celtas estavam divididos em quatro povos ou grupos diferentes, separados por braços de mar ou grandes estuários: na Irlanda, nas Terras Altas da Escócia, no País de Gales e na Cornualha.

Que força moral, que vontade férrea não foram precisas a esse povo celta para conservar sua língua e tradições, seu caráter próprio! A história das perseguições na Irlanda, durante dez séculos, é impressionante. O uso do gaélico era proibido e toda criança que falasse uma só palavra dele na escola era açoitada. E todavia a Irlanda, por sua tenacidade, venceu a opressão inglesa. Hoje, retomou a língua primitiva. É o único país em que os sons dela ressoam como língua oficial. Os celtas de além-Mancha e nós não temos mais a mesma língua, mas temos o mesmo pensamento; sem nos falarmos, ainda nos compreendemos.

Na Bretanha francesa a perseguição foi antes moral e religiosa. Todos os símbolos do druidismo, todos os nomes sagrados dos antigos celtas foram substituídos por símbolos católicos ou nomes de santos. Os menores resquícios do culto ancestral foram minuciosamente expurgados.

Na época moderna, é aos gaélicos (do País de Gales) que cabe o mérito de ter desencadeado o despertar da alma celta, isto é, de haver iniciado um movimento que, reaproximando os ramos esparsos do povo celta, restabeleceu o contato entre eles.

O movimento pancelta, que pretende reunir num objetivo comum os recursos e forças dos cinco grupos célticos, nasceu no Pais de Gales, por volta de 1850. Desenvolveu-se rapidamente e suas consequências prometem ser vastas e profundas.

Há 50 anos, apesar da guerra mundial, a situação dos celtas já mudou bastante. A Irlanda reconquistou sua independência; o principado de Gales e a Ilha de Man possuem plena autonomia; a Escócia trabalha eficazmente para conseguir a sua; somente a Bretanha francesa permaneceu estacionária.

O primeiro objetivo a atingir era a preservação das línguas célticas, penhor do povo inteiro. A Irlanda o conseguiu; os outros dialetos estão readquirindo força e vigor nos respectivos meios. Os professores que os ensinam são subvencionados pela Liga Celta. Ela instiga uma unidade de ação de início literária e artística, mas que em sequência, pouco a pouco, vai se tornando filosófica e religiosa.

A partir de 1570, uma assembléia solene, chamada *Eisteddfod*, é presidida por William Herbert, conde de Pembroke,

26   Léon Denis

o grande patrono da literatura gaélica, o mesmo que fundou a célebre biblioteca de neo-gaélico do castelo de Rhaglan, mais tarde destruída por Cromwell.

Em outro encontro, que se deu em Bowpyr, em 1681, sob a presidência de Sir Richard Basset, os membros do Congresso procederam a uma revisão completa dos antigos textos do bardos: Leis e Tríades.

Os *Eisteddfodau* se sucederam regularmente desde 1819. O *Gorsedd* que os prepara, organiza e dirige é uma instituição livre composta por todas as classes da sociedade.[6] Foi, no princípio, uma corte de justiça mantida pelos druidas.

Apesar das eclipses temporárias e das perseguições, ela se manteve através dos séculos e é quem preside, ainda, na atualidade, ao movimento pan-céltico geral.[7]

No século passado esse movimento se intensificou, e os *Eisteddfodau* de Abergavenny e de Caer-Marthen reuniram numerosos representantes dos cinco grandes ramos celtas. Lamartine lhes enviou sua adesão sob a forma de um poema, cuja primeira estrofe é:

Et puis nous vous disons:"O fils dês mêmes plages!
Nous sommes um tronçon du vieux glaive vainqueur;
Regardez-nous aux yeux, aux visages;
Nous reconnaissez-vous à la trempe du coeur?[8]

Depois seguiu-se o Congresso de Saint-Brieuc, convocado por Henri Martin, H. de la Villemarqué e um comitê de celtistas renomados. Outras delegações celtas atravessaram a Mancha para confraternizar com os bretões franceses.

Em retribuição, o Congresso de Cardiff recebeu a visita de vinte e um compatriotas nossos. Em 1897, delegados gauleses foram enviados a Dublin para participar da restauração do *Feiz-Céoil*. Na prefeitura de Dublin, sob a presidência do prefeito Sir

---

6 Segundo Le Goffic, *L'Âme Bretonne*, t. I, p. 370, Ed. Champion.
7 Os *eisteddfodau* continuam, anualmente, e em 2014 acontecerá um em Wales, na primeira semana de agosto.
8 E vos dizemos:"Ó filhos das mesmas praias!
Somos parte da antiga espada vencedora;
Olhai-nos nos olhos e na face;
Não nos reconheceis pela têmpera do coração?

O Gênio Celta e o Mundo Invisível   27

James Henderson, Lord Castletown, descendente dos antigos reis celtas, pronunciou as seguintes palavras:

> A Liga Pan-Céltica, que tomou a iniciativa de promover este congresso, se propõe apenas reunir representantes dos celtas de todas as partes do mundo, para manifestar a todo o planeta seu desejo de preservar sua nacionalidade e cooperar para manter e desenvolver a herança da língua, da literatura e da arte que nos foram legadas por nossos antepassados.

Associações célticas foram criadas na França, e no ensino superior se introduziu a história e a literatura celtas. Disciplinas específicas foram criadas na Sorbonne, no Colégio de França, e em 1870 em Rennes e Poitiers.

A *Revue Celtique* (Revista Celta) foi criada e continuou sendo editada, em Paris, sob a direção de Gaidoz e d'Arbois de Jubainville. Após a publicação das célebres obras de Henri Martin, Jean Reynaud e A. Thierry, um ilustre membro da marinha, o almirante Reveillère, pôde escrever:

> É natural que os celtas, mais dia menos dia, se agrupem de acordo com suas afinidades, constituam federações para a defesa de suas fronteiras naturais e para a difusão de seus princípios. É preciso que o panceltismo se transforme numa religião, numa fé...Nossa época tem uma dupla missão. A primeira é a renovação da fé cristã enxertada sobre a doutrina celta da transmigração das almas, a única capaz de satisfazer a inteligência, através da crença na perfectibilidade infinita da alma humana, em uma série de existências sucessivas. A segunda é a restauração da pátria celta e a reunião em um só corpo de seus membros hoje separados.

A França enviou algumas vezes ilustres representantes aos *Eisteddfodau*. Foram sucessivamente Henri Martin, Luzel, H.de la Villemarqué, de Blois, de Boisrouvray, Le Goffic etc. As delegações francesas foram recebidas em toda parte com muitas honras, hospedadas em castelos ou ricas mansões burguesas. Ao desfilarem pelas ruas das antigas cidades gaulesas ou à entrada dos *Eisteddfodau*, os tocadores de gaita de foles bretã (biniou) à frente, tocando a ária nacional gaulesa, a *Marcha dos Homens de Norlech*, as multidões os aclamavam. E no entanto, que contraste com as delegações escocesas, composta por esses *highlanders* de alta estatura, com suas possantes gaitas de foles, e como, ao lado delas, as nossas tinham um ar lastimável! A respeito dessa *Marcha dos Homens de Harlech*, Le Goffic recorda um fato histórico tocante. Na batalha de Saint-Cast, quando o exército inglês desembarcou nas costas da Bretanha, uma companhia de fuzileiros galeses avançou contra os homens do duque de Aiguillon que defendiam o solo pátrio. Do meio destes ergueu-se um canto no qual os galeses reconheceram o hino celta. Detiveram-se de imediato, hesitantes, espantados. O oficial inglês que os comandava interpelou-os com rudeza: "– Estão com medo?" "– Não", responderam, "mas por esse hino que cantam reconhecemos neles homens de nosso povo. Nós também somos bretões!".[9]

A musica celta, de uma melancolia penetrante, é rica e variada; seus hinos, suas melodias, seus cantos populares são muito antigos, e Le Goffic acredita que os grandes compositores alemães tomaram muita coisa deles. É certo que Haendel morou durante muito tempo na Inglaterra e conheceu as melodias populares galesas e escocesas. Alguns trechos de Haydn e de Mozart se parecem muito com árias antigas que têm dois ou três séculos.

Os *Eisteddfodau*, em virtude de seu cerimonial, podem ter parecido antiquados e despertado zombarias de alguns críticos ignorantes, mas eis o que escreveu a respeito uma testemunha ocular[10]:

"Aqueles que viram, no círculo de pedras sagradas, erguer-se o arquidruida, um ancião alto e claro com um peitoral de ouro maciço, a testa cingida por um ramo de carvalho cor de bronze, que recita para a multidão, inclinada e de cabeça descoberta, a prece solene do Gorsedd; os que repararam em especial na emoção religiosa da multidão, no grande soluço que a sacode quando o arauto desenrola a lista fúnebre dos bardos mortos, e depois o entusiasmo que a reanima e ilumina quando o mesmo

9 Le Goffic, *L'Âme Bretonne*, t.II, p. 289.
10 Le Goffic, *L'Âme Bretonne*, t. I, p. 371

O Gênio Celta e o Mundo Invisível   29

arauto entoa o canto nacional gaulês: *A Terra dos Ancestrais*, repetido em uníssono por um coro formidável de vinte mil vozes, esses não sorriem mais desse espetáculo, e compreenderam a poderosa magia, a fascinação misteriosa que ele continua a exercer sobre a alma impressionável dos gauleses".

Desde a Grande Guerra, a propaganda céltica adquiriu novo impulso. A Liga Céltica irlandesa organizou festas e reuniões solenes periódicas, de início em Dublin, depois em todas as cidades da Irlanda. No país de Gales, muitos *Eisteddfodau* se sucederam. O de 1923 foi presidido pelo arquidruida de Gales, assistido por um arquidruida australiano e outro da Nova Zelândia.

Esses detalhes demonstram que o movimento céltico se propagou até os países antípodas. Em toda parte as multidões celtas se dirigem com entusiasmo a essas assembléias onde acontecem competições poéticas e musicais, e improvisos oratórios. Com essas manifestações, se renovam e reafirmam sem cessar a vitalidade do povo celta, sua vontade de permanecer unido numa mentalidade elevada e séria, unida por um ideal comum.

Dessa forma se concretiza o despertar céltico previsto pelos bardos. Através das duras vicissitudes de sua história, o povo celta sempre reafirmou sua vontade de viver, sua fé inquebrantável em si mesmo e no seu futuro, sobretudo nos momentos em que tudo parecia perdido. Mas sua atuação é totalmente pacífica. O que se agita no fundo de sua alma não é uma necessidade de poder material, é apenas o sentimento de sua nobre origem e de seus direitos. Como disse Lord Castletown: "A ideia céltica é de concórdia e fraternidade, e isso se encontra escrito em toda parte nas lendas e nos dogmas filosóficos do povo".

Todos os iniciados sabem que o celtismo renovador trará à Europa o complemento da ciência e da religião que lhe faz falta, isto é, um conhecimento mais elevado do mundo invisível, da vida universal e suas leis. Aí reside, efetivamente, o único modo de atenuar o declínio da raça branca, orientando sua evolução pra um objetivo mais elevado e com melhores finalidades.

Capítulo 2

• A Irlanda

A história da Irlanda, através dos séculos, foi um longo martirológio. As perseguições sofridas obrigaram a metade da população a se expatriar, abandonando por terras distantes a ilha verdejante tão cara aos corações celtas. Em menos de um século diminuiu de oito milhões para quatro milhões de habitantes. É desde então que vamos encontrar celtas em todas as partes do mundo.

Essa ilha, entretanto, como já vimos, é o único país onde a língua celta assumiu um caráter e uma forma oficiais. Rica, flexível, variada em suas expressões, essa língua deu origem a uma abundante literatura, na qual se reflete a alma irlandesa, mutável, impressionável, excessivamente sensível, apaixonada por todas as grandes causas.

Assisti durante algum tempo, no *Collège de France*, ao curso de literatura celta de d'Arbois de Jubainville. Havia na turma alguns irlandeses que escutavam com avidez a narração das façanhas de seu herói nacional, Couhoulainn. Acompanhávamos o texto gaélico em um livro alemão, pois não existia tradução francesa, e essa penúria não ocorre somente – devemos confessar, para nossa vergonha – nesse campo de estudos. O professor nos dizia que os manuscritos em língua gaélica remontam ao século V, e se enumerarmos os que foram publicados até o XV, constataremos que representam o conteúdo de um milhar de volumes.

Dessa obra extensa se destacam duas grandes fontes de

inspiração às quais os escritores irlandeses recorreram com frequência. Primeiro, as Epopéias Primitivas, coletânea de fatos históricos relativos à luta, longa e emocionante, dos habitantes da ilha contra os saxões invasores e opressores. É nelas que os combatentes da última guerra da independência buscavam os exemplos e memórias que lhes inflamavam a coragem, e sustentavam seu entusiasmo patriótico.

Depois, a História Legendária dos Bardos, e as *Tríades*, que, no campo filosófico e religioso, são como uma espécie de Bíblia para o mundo celta, e cuja autoria é comum à Irlanda e ao País de Gales. Só foi fixada pela escrita no século VIII, ou pelo menos não possuímos manuscritos mais antigos. Está estabelecido, porém, que esses cantos e as *Tríades* eram transmitidos oralmente de boca em boca através dos séculos, e que sua origem se perde na noite dos tempos; sabe-se que o ensinamento esotérico dos druidas era reservado apenas aos iniciados e só podia ser transcrito numa escrita vegetal, simbólica, cujo segredo só era dado aos adeptos. Apenas quando o poder dos druidas teve fim e os bardos eram perseguidos é que se tratou de recolher esses ensinamentos e divulgá-los.

* * *

Encontramos traços dessa elevada inspiração em toda a produção literária da Irlanda, a par do culto fervoroso da natureza que é um dos aspectos do espírito celta. Sua rica poesia reflete o encanto envolvente dessa ilha verdejante, com suas florestas profundas, seus lagos sombrios, seus horizontes brumosos e suas costas abruptas, recortadas, onde as ondas ecoam um lamento eterno.

Por toda a parte flutuam enxames de almas: duendes, gnomos, gênios tutelares ou maléficos aos quais se juntam as almas dos mortos, os espíritos cujo fluído material, paixões, ódios e amores os prendem à terra e que ficam errantes à espera de uma nova encarnação – pois nesse ponto os textos são taxativos, a Irlanda acreditava na pluralidade das existências.

Em todas as épocas, e talvez mais que qualquer outro país, a Irlanda teve, pois, a intuição e o sentido íntimo e profundo da vida invisível, do mundo oculto, desse oceano de forças e de vida, povoado de multidões incontáveis cuja influência se exerce sobre nós e, de acordo com nossas inclinações psíquicas, nos protege ou deprime, nos entristece ou alegra.

É por isso que, na história da Irlanda como na Escócia, as feiticeiras têm um grande papel. Os próprios santos possuem poderes misteriosos, que se pode atribuir ao magnetismo e aos dons mediúnicos. Para convencer-nos, basta ler as biografias de S. Patrício e S. Columbano, os padroeiros da ilha.

Duas belas e nobres figuras se destacam da multidão de escritores e poetas irlandeses contemporâneos. Pois é uma verdadeira multidão que um escritor sutil, S. Téry, passa em revista em seu conscencioso e cativante estudo sobre o movimento literário da ilha.[1]

Dessas duas grandes figuras, uma é a de W.B. Yeats, que é considerado o chefe do renascimento das letras irlandesas e o maior dos poetas de língua inglesa de nosso tempo. "Envolvido por influências gaélicas, busca inspiração nas antigas fontes nacionais, exprime a alma nostálgica e apaixonada da Irlanda". Tendo penetrado na intimidade do grande poeta, S. Téry o caracteriza de forma original: "Yeats e sua mulher, como muitos irlandeses, são adeptos das ciências ocultas; esse pessoal conversa com espíritos e fantasmas como se fossem velhos conhecidos; debruçam-se com curiosidade sobre os abismos do desconhecido, movem-se encantados no meio de fenômenos misteriosos dos quais nos afastamos, porque estremecemos diante daquilo que não compreendemos. Sua musa, como é celta, gosta de se cobrir de véus. Toda a obra de Yeats está envolta por um vago misticismo, e se ressente do interesse que lhe despertaram a teosofia, as ciências ocultas".

Um outro escritor de grande talento exerce influência não menos considerável sobre seu país: é Georges Russell, considerado "a consciência da Irlanda". S. Téry o apresenta nestes termos:

"Pela influência de uma personalidade magnética, de uma vida pura, de uma alma perfeita, reuniu em torno de si tudo que havia de inteligente e nobre na Irlanda; multiplicou a inspiração

---

1 S. Téry, *L'Île des Bardes* (A Ilha dos Bardos). Ed. Flammarion..

de todos, transmitiu-lhes sua flama.

O misticismo de Yeats é mais poético, instintivo; o de Russell é consciente, refletido. Das vagas aspirações sentimentais do povo celta pelo desconhecido, o mistério do mundo, Russell fez uma filosofia, um princípio de ação. Ele também é adepto das ciências ocultas, mas cada vez que o interrogamos sobre suas relações com o invisível, mostra-se extremamente discreto. Quando o pressionamos, diz apenas: *o que sei não é muito; descobri que a consciência pode existir fora do corpo, que podemos às vezes ver pessoas que estão bem distantes, e podemos mesmo falar com elas a centenas de quilômetros; já falaram comigo dessa forma*. Sei por experiência que pessoas sem corpos físicos podem atuar sobre nós intensamente. Uma delas me envolveu de vitalidade, e enquanto o fazia,me pareceu estar recebendo um choque elétrico. Estou certo de que recordo de vidas passadas, e já falei disso com amigos que também se recordam; e até falamos sobre os lugares onde vivemos. Também já vi seres elementais, e os enxerguei juntamente com outros companheiros...".[2]

A obra de Russel é rica de perspectivas sobre o infinito e o Além. Assim, escreve no início de seu primeiro livro, *Vers la Patrie*: "Sei que sou um espírito e que parti outrora do Eu ancestral para realizar tarefas ainda não acabadas, mas sempre repleto de nostalgia do país natal. E confirma as existências sucessivas, "que são etapas que conduzem à sabedoria, à purificação na essência divina".

A esses dois escritores, Yeats e G.Russell, merecidamente famosos, poderíamos acrescentar grande número de outros menos conhecidos, pois a literatura da Irlanda é uma das mais ricas da Europa, pela variedade e o valor de suas obras. Expressa, com uma sensibilidade delicada, e ao mesmo tempo com grande força, as aspirações, os sonhos, as alegrias e as angústias da alma celta.

Através da história dramática dessa ilha que soube, por seus próprios meios, e sem qualquer auxílio de fora, reconquistar sua independência, vamos encontrar, em seus escritores, o mesmo gosto pelos mistérios do Além, pelo sentido oculto das

---

2 S. Téry, *L'Île dês Bardes*, p. 113.

coisas, por esse sentimento profundo do oculto que caracteriza esse povo.

Sob o véu do cristianismo, aparece a alma primeva dos antigos celtas. Ela vibra na poesia gaélica como as cordas da harpa de Ossian. O mundo invisível, para seus bardos, é uma realidade viva, e se por vezes lhe emprestam nomes e formas fantasiosos, não deixam por isso de reconhecer, sob tais aspectos diversos e mutantes, a sobrevivência e a imortalidade da alma.

Na atualidade, entretanto, o sentimento do oculto assumiu na Irlanda contornos mais nítidos e precisos. Revestiu-se de um caráter experimental, tornando-se uma ciência, um método que possui regras e leis. Nesse país, como em todo o Ocidente, os fenômenos de além-túmulo são hoje observados e estudados por técnicos familiarizados com os procedimentos de laboratório, e que realizam essas experiências com um rigoroso controle e uma atenção escrupulosa.

Os resultados obtidos pelo professor Crawford, de Belfast, com a srta. Golingher, tiveram grande repercussão. Mas a obra mais importante dessa área é certamente a de Sir W. Barret, professor da Universidade de Dublin, membro da Real Academia de Ciências, e um dos fundadores da Sociedade de Pesquisas Psíquicas de Londres, da qual foi presidente honorário. Seu livro *Au Seuil de l'Invisible*,[3] traduzido para o francês e publicado em 1923, é um dos mais notáveis já escritos sobre este extenso assunto.

Resume, de forma clara e com grande profundidade, o fruto de meio século de observações e experiências. Recomendamos com ênfase a leitura, e citaremos apenas suas belas conclusões:

> A mudança mais radical do pensamento, depois da era cristã, seguir-se-á provavelmente à aceitação, pela ciência, da imanência do mundo espiritual. A fé deixará de vacilar, e a morte se despirá do terror que inspira aos próprios cristãos, os milagres não parecerão mais relíquias supersticiosas de uma época bárbara. Ao contrário, se, como acredito, a telepatia é indiscutível, se os seres da criação se influenciam uns aos outros sem a voz nem a palavra, o Espírito Infinito cuja sombra nos

3 Livraria Payot, Boulevard S. Germain 106, e Ed. Jean Meyer, Rua Copernic 8 – Paris.

O Gênio Celta e o Mundo Invisível

envolve sem dúvida se terá revelado, no decurso dos séculos, aos corações capazes de percebe-lo.

Algumas almas privilegiadas foram dotadas da audição interior, da clarividência, da palavra inspirada; mas todos nós percebemos às vezes uma voz em nosso íntimo, um eco tênue dessa vida maior que a humanidade acessa lenta mas seguramente, à medida que os séculos se escoam. Para aqueles mesmo que estudaram esses fenômenos só do ponto de vista científico, o resultado será imenso, tornando mais evidente a solidariedade humana, a imanência do invisível, o domínio do pensamento e do espírito; em resumo, da unidade transcendente e da continuação da vida. Não estamos separados do cosmo nem perdidos nele: a luz dos sóis e das estrelas chega até nós, a força misteriosa da gravitação une as diferentes partes do universo material num todo orgânico; a menor das moléculas e a trajetória mais longínqua estão incluídas no mesmo campo. Mas, acima e além desses laços materiais está a solidariedade do espírito. Da mesma forma que o significado essencial e a unidade de um favo de mel não estão na cera de suas células, mas na vida e no objetivo comum de suas construtoras, assim o verdadeiro sentido da natureza não se encontra no mundo material, mas no espírito que lhe dá o signficado, que sustenta e une, que ultrapassa e cria o mundo fenomênico pelo qual cada um de nós passa por um momento.

Capítulo 3

• O País de Gales • A Escócia • A obra dos bardos

O País de Gales era uma terra grave, austera e imponente, antes que a indústria moderna a crivasse de chaminés de usinas, a perfurasse com inúmeros buracos de minas, e lhe obscurecesse o céu com espessas fumaças.

Ainda hoje se pode perceber a ação das forças subterrâneas que esculpiram suas colinas, elevaram montanhas como Snowdon, esse monte sagrado que domina a região, ultrapassa mil metros de altura e cuja origem vulcânica é evidente.

Por toda parte as camadas de lava e de pórfiro se alternam com as rochas e solos eruptivos e formam essas camadas revolvidas que a geologia designa como nome de cambrianas, que foi o nome primitivo da região.[1]

Gales do Norte une o relevo de suas montanhas à graça dos vales e à abundância de torrentes.

A Escócia também sofreu e conservou os traços da manifestação dessas forças que ergueram os cimos abruptos. Foram elas que levantaram essas muralhas de granito, de basalto, de pórfiro que margeiam o canal caledoniano e se prolongam até as costas da Irlanda sob a forma de uma colunata imensa conhecida pelo nome de "leito dos gigantes".

A Escócia possui ainda a poesia, a beleza triste e severa de seus lagos, de suas planícies e platôs solitários semeados de urzes rosadas e de musgos de todas as cores. A região setentrional é crivada de picos, às vezes envoltos em brumas, mas imponen-

---

1 Cambria (N.T.)

tes quando se iluminam com a púrpura do poente ou com os raios pálidos da Lua.

Acrescente-se as penínsulas escarpadas que se prolongam longe mar adentro, os promontórios incessantemente batidos pelas ondas, e teremos uma idéia dessa natureza formidável onde se ramifica a cadeia principal que serve de coluna vertebral à Grã-Bretanha.

Uma longa fieira de ilhas cerca as Terras Altas da Escócia; uma delas, Staffa, possui a célebre Gruta de Fingall, semelhante a um templo, e onde a cada dia a maré alta faz ouvir sua melopéia plangente.

O povo flexível e forte que se adaptou a essas regiões parece ter plasmado nelas, em sua natureza grandiosa, as qualidades viris que o distinguem, e sobretudo essa vontade inquebrantável que, através das épocas de provações, conserva, apesar de tudo, a esperança do renascimento e da vida eterna.

A explicação desse fato nos é revelada pelo espírito de Allan Kardec em uma das mensagens que estamos publicando. Esse povo descende da corrente celta que, desde as épocas primitivas, se expandiu pelo Nordeste da Europa, impregnou profundamente seu solo, com o que esse magnetismo agiu sobre os habitantes e, em sequência, sobre as gerações que se sucederam.[2]

É preciso apontar que os ingleses e saxões, que vieram do Leste, têm um caráter totalmente diverso, mais positivo e prático e menos idealista. Se, como exceção, se encontra entre eles naturezas mais idealistas, é raro que não possuam ligações anteriores com alguma origem celta. É o caso, por exemplo, em nossos dias, de Conan Doyle e Bernard Shaw e tantos outros; por mais ingleses que sejam pela cultura e a língua, não deixam de ter uma origem irlandesa.

Apesar das longas, eternas perseguições, os anglo-saxões jamais conseguiram domar o sentimento nacionalista, o caráter étnico dos galeses e dos escoceses. Longe de assimila-los, eles é que foram assimilados por estes cada vez que entraram em contato permanente. Foi assim que os trabalhadores ingleses atraídos ao País de Gales pela indústria da mineração, adotaram rapidamente os hábitos e até a linguagem local.

---

2 Ver ao final da obra as mensagens de Allan Kardec sobre a corrente celta.

Graças a sua energia persistente, o principado de Gales soube conservar sua autonomia administrativa e extensas franquias para suas escolas, colégios e universidades e até para sua Igreja nacional. Conservou de tal modo sua língua e literatura que a cidade de Cardiff e o condado de Glamorgan tornaram-se os centros mais intensos da propaganda celta, onde se publicam todas as obras dos bardos antigos e modernos. Foi dali que partiu o primeiro sinal do movimento pancéltico, que reúne todos os anos representantes vindos de todos os quadrantes para confraternizar num mesmo espírito e sentimento.

Se a força vital de um povo é sua alma, sua fé numa justiça imanente e num além compensador, pode-se dizer que os galeses são tão impregnados por ela que sua convicção se estende a todo seu universo moral e social. De fato, encontramos ali algo muito raro na França: que os tribunais encerrem as sessões, com frequência, sem haver acusados ou culpados para julgar. O alcoolismo, esse flagelo dos países celtas, ali está decrescendo. Os mesmos fatos se verificam na Escócia, em menor grau.

* * *

Os galeses, em geral, acreditam firmemente no mundo dos espíritos e em suas manifestações. Atribuem a eles, às vezes, nomes e formas fantasiosos. Suas narrativas dão largas à imaginação. Contudo, no conjunto dos fatos relatados se destaca uma série de testemunhos que não se pode negar.

Por exemplo, o que se refere aos "espíritos batedores das minas", seres invisíveis que com golpes surdos, prolongados e repetidos, encorajam os mineiros e orientam suas buscas dos melhores filões. Eis o relato escrito a respeito pelo engenheiro Merris, pessoa altamente considerada pelo saber e a probidade, publicado pela revista *Gentleman's Magazine*:[3]

> As pessoas que não conhecem as artes e as ciências ou
> o poder secreto da natureza, zombarão de nós, mineiros
> de Cardigan, que afirmamos a existência dos Batedores.
> São uma espécie de gênios bons mas intangíveis que não
> se pode ver, mas que se ouve, e que parecem trabalhar

---

3 Le Goffic, L'Âme Bretonne, 2ª série, p.271

O Gênio Celta e o Mundo Invisível

nas minas; isto é, o Batedor é o precursor do trabalho nas minas, como os sonhos o são de certos acidentes que nos acontecem. Quando foi descoberta a mina de Esgair e Myn, os Batedores trabalharam lá energicamente, dia e noite, e um grande número de pessoas os escutou. Porém, depois da descoberta da jazida maior, não foram mais ouvidos. Quando comecei a escavar as minas de Elwyn--Elwyd, os Batedores atuaram com tanta força durante algum tempo que assustaram os jovens trabalhadores. Quando avançávamos para outro nível e antes de chegarmos ao minério é que os ruídos tinham mais intensidade; e cessavam quando atingíamos o minério. Com certeza estas afirmações serão contestadas. Afirmo, entretanto, que os fatos são reais, embora não possa nem pretenda explicá-los. Os céticos podem sorrir; nós, mineiros, não deixaremos de nos alegrar com isso e de agradecer aos Batedores ou antes a Deus que nos envia os avisos deles.

Os fenômenos de obsessão não são raros no País de Gales. Facilmente nos citam uma casa ou castelo onde ocorreram. Le Goffic, em sua viagem a Cardiff como delegado bretão ao grande *Eisteddfodd* de 1899, recolheu uma série de relatos desse tipo que publicou em seu livro *L'Âme Bretonne* (A Alma Bretã).

A maior parte desses relatos nos parece contaminada de superstição. Entretanto, achamos que se deve ressaltar um testemunho sério, o de Lady Herbert, ilustre patriota galesa, descendente dos antigos reis Kymris, que recebeu as delegações em seu castelo de Llanover.

Le Goffic cita a conversa que teve a respeito com essa grande dama:

O exemplo vem de cima. Não se diz na Inglaterra que a própria rainha tem um espectro que ronda os aposentos de Windsor? E esse espectro vestido de negro não é senão o da grande Elisabeth.

O tenente Glynn, de sentinela na biblioteca, o avistou quando o fantasma penetrava na peça contígua. Essa peça não tem saída, mas possuía uma à época de Elisabeth, e foi fechada depois. O tenente correu atrás do fantasma e chegou bem a tempo de vê-lo mergulhar na parede de lambris. Isso se repetiu várias vezes e o medo foi tão grande, em Windsor, que foi preciso dobrar a guarda noturna. Windsor tem sua dama de negro, meu castelo de Cold Brooks tem sua dama branca. Perguntam qual o sentido dessas aparições? Às vezes, como nos explica a Igreja, são almas em sofrimento que rogam a piedade dos vivos esquecidos delas. Outros desses espectros têm o papel de arautos. É o caso, creio, da dama de negro de Windsor: sua presença anuncia sempre um acontecimento grave, uma guerra, uma catástrofe próxima. Os avisos, ou, como dizem na Bretanha, os intersignos, assumem todas as formas. Algumas são peculiares a determinadas famílias. Os Grey de Ruthwen são avisados da morte dos membros da família pela aparição de uma carruagem com quatro cavalos negros. A família Airl, quando um dos seus está prestes a morrer, escuta um rufar de tambor. Durante um jantar de que participava um Arl, perguntaram-lhe por acaso: "Qual é o intersigno de sua família?" "O tambor". E como para confirma-lo, um rufar surdo e velado se fez ouvir ao longe. Lord Airl empalideceu. Alguns momentos depois, um mensageiro veio avisa-lo de que um dos membros de sua família morrera. Os MacGwenlyne, descendentes do célebre clã desse nome, possuem há séculos, ao Norte da Escócia, a antiga herdade de Fairdhu; há uma grande abóbada em arco na entrada, e dizem que a pedra central começa a tremer quando um MacGwenlyne está para morrer.[4]

Os casos de castelos e lugares assombrados são tão numerosos na Escócia que não podemos citar todos. Sabemos que esse país é a terra clássica dos videntes, dos fantasmas, dos espíritos familiares. O aspecto melancólico de seus cenários cobertos de brumas e de suas ruínas se presta às visões e às evocações.

Ainda hoje a sombra da Mary Stuart não apareceu a Lady Caithness, duquesa de Pomar, na capela real de Holy-Rood, onde se encontram as tumbas dos reis da Escócia? Em sua suntuosa morada da rua Brémontier, em Paris, nos dias das sessões psíquicas, a duquesa gostava de contar-nos sua conversa noturna com a infortunada rainha.[5]

4 Le Goffic, *L'Âme Bretonne*, p. 203.
5 Ver sua obra: "*Une visite nocturne à Holy-Rood*" (Uma visita noturna em Holy-Rood).

O Gênio Celta e o Mundo Invisível   41

* * *

A Ilha de Man nos oferece também um belo exemplo da ressurreição celta. Possui um parlamento autônomo, uma sociedade que preserva a linguagem manx, jornais e serviços religiosos em manx, escolas etc.

Quanto à Cornualha inglesa, seu dialeto, o córnico, não está tão extinto como se pretende; muitas famílias o falam ainda.

"O filho da Cornualha", escreve Le Goffic, "como o bretão da França, com o qual se parece tão singularmente, continuou em comunicação permanente com o Além. Vive, como este, numa espécie de familiaridade pungente com os espíritos dos mortos, consulta-os, escuta-os e os compreende.

* * *

O País de Gales é considerado como o mais antigo e importante centro ou escola de bardismo. Jean Reynaud escreve, a propósito (p. 310) no seu belo livro *L'Esprit de la Gaule:*

> Pode-se dizer que os druidas, convertendo-se ao cristianismo, não desapareceram totalmente no País de Gales, como em nossa Bretanha e nos outros países de origem gaulesa. Tiveram como continuadores imediatos uma sociedade solidamente constituída, dedicada principalmente, na aparência, ao cultivo da poesia nacional, mas que, sob o manto poético, conservou com fidelidade a herança intelectual da antiga Gália: é a Sociedade dos Bardos do País de Gales, que permaneceu como uma sociedade ora secreta, ora manifesta, desde a conquista normanda, e que, depois de inicialmente haver transmitido oralmente sua doutrina, à semelhança da prática dos druidas, decidiu, no decorrer da Idade Média, colocar por escrito as partes essenciais desse legado.

Na realidade o bardo é um poeta, um orador inspirado. Pode-se igualá-lo aos profetas do Oriente, esses grandes predestinados sobre os quais perpassa o sopro do invisível. Em nosso tempo o título de bardo perdeu o prestígio, em virtude do abuso que fizeram dele, mas se remontarmos ao sentido primordial do termo encontraremos personalidades marcantes como Talièsin, Aneurin, Llywarch-Hen etc. Depois de tantos séculos, suas palavras viris, cantando o patriotismo e sua fé, ainda fazem vibrar as almas celtas. Não se deve ver na obra dos antigos bardos um simples exercício mental, um jogo do espírito, uma música das palavras. Seus versos e cantos constituem um comentário e uma continuação das *Triades*, um ensinamento, uma arte que entreabre imensas perspectivas ao destino da alma, elevando-a para Deus, que confere a seus intérpretes uma espécie de auréola e de apostolado. Esses ensinamentos são consideravelmente avançados num sentido futuro. Vejamos, por exemplo, o Chant du Mond, de Talièsin:[6]

> Grande viajor é o mundo; enquanto desliza sem cessar, permanece sempre em sua trajetória, e como é admirável a forma desta, para que o mundo nunca saia fora dela!

Descreve o movimento da Terra no espaço muito tempo antes das descobertas de Galileu, que acabaram com a antiga suposição bíblica da imobilidade do planeta.

Quaisquer que sejam as controvérsias que se levantaram sobre a data exata dessas obras, não se pode negar que são muito anteriores ao conhecimento da Idade Média, e assim também o conjunto das *Triades*, que afirmam a natureza espiritual do ser humano, a evolução da alma em etapas sucessivas através dos renascimentos, verdade que a ciência atual mal começa a entrever.

Esses homens inspirados eram videntes, também. Suas faculdades psíquicas lhes permitiam mergulhar no futuro e ler ali as vicissitudes, os reveses e as provações dolorosas que aguardavam os povos celtas. Mas sabiam que o ideal gravado em seu íntimo não podia perecer; sabiam que o sofrimento tempera as almas e que mais tarde esses povos levariam às civilizações deturpadas pelo excesso de materialismo o conceito elevado que dá à vida todo seu sentido e indica ao ser humano o caminho reto e seguro.

6 Barddas cad. Goddeu

O Gênio Celta e o Mundo Invisível

Esses nobres ancestrais retornaram à terra mais de uma vez, em novos corpos, seja na Inglaterra ou na França. Usaram nomes ilustres que poderíamos citar. Mas já se abusou tanto dos nomes famosos que preferimos deixar aos pesquisadores a tarefa de identificá-los entre aqueles que ergueram bem alto, através dos séculos, a flama da arte poética e do pensamento luminoso.

Capítulo 4

- A Bretanha Francesa • Recordações dos druídas

Nossa Bretanha já foi descrita com tanta frequência que não vou deter-me a evocar suas paisagens. Terra de granito, com suas florestas profundas, suas charnecas imensas, suas costas recortadas que as vagas desgastam sem cessar, a Armórica[1] foi por muito tempo, na Gália, o refúgio dos druidas, a cidadela do celtismo independente. Depois o cristianismo penetrou ali, mas, da mesma forma que as camadas geológicas se superpõem sem se destruírem, o lastro primitivo persistiu sob os elementos do novo culto. De mil formas, a tradição étnica reaparece sob o véu de uma religião que foi trazida do Oriente.

Sobre esta terra predestinada, nas mais diversas épocas e sob as mais variadas formas, foi sempre a mesma concepção séria e solene que se expressou. Das pedras megalíticas de Carnac, menhirs e dolmens, até os ossuários e calvários, igrejas góticas e campanários, é sempre a mesma imagem da imortalidade que se expressa, a mesma aspiração do transitório para o que permanece, em suma, da alma humana para o infinito.

Mais que qualquer outra região da antiga Gália, a Bretanha conservou a crença firme no Além, no invisível, na presença e nas manifestações dos falecidos. Se o ceticismo e o espírito crítico se insinuaram em algumas cidades, por outro lado, no campo e nas ilhas se conservou o sentimento de uma intensa espiritualidade. Quando a voz do oceano se eleva e ruge nas costas recortadas, e

1 Antiga denominação da área oeste da Gália que incluía a Bretanha e parte da Normandia. Essa porção marítima da Gália, com suas regiões adjacentes, se chamava em celta ou gaulês *Aremorica* – "a região que fica defronte ao mar". (N.T.)

o vento passa gemendo sobre as charnecas, agitando os arbusto e as ramagens, a alma bretã, no fundo das cabanas, parece escutar a voz dos mortos chorando pelo passado.

À época em que eu percorria como turista os campos de Finisterre, tomei um guia, ou melhor, um intérprete, pois conhecia mal o dialeto então muito usado nessa região distante. Um dia, indo para Kergreven, tomei por um caminho deserto margeado por carvalhos anões, que seria o mais curto de acordo com o mapa militar que levava sempre comigo. Mas o guia me deteve bruscamente e disse, com certo receio, que havia dois anos que ninguém passava por ali, que teríamos que fazer um desvio grande. Custei muito a arrancar dele uma explicação clara, e por fim me confessou que um sapateiro de Lampaul havia se enforcado naquela estrada, e seu espírito ainda assombrava os viajantes, e que as pessoas haviam deixado de passar por ali. Fui adiante, pedindo-lhe para me apontar a árvore do suicídio; ele o fez com muitos sinais da cruz e gestos de ansiedade.

Le Braz, em seu livro *La Légende de la Mort chez les Bretons Armoricains,* cita o caso de um coveiro que, por ordem do cura de Penréman, abriu a sepultura de um morto antes do prazo legal, e recebeu à noite a visita e as censuras do espírito do defunto, que só parou de assombrá-lo com preces feitas para ele. Apesar disso, o cura faleceu alguns dias depois, e a opinião pública atribuiu isso à vingança do morto.

Outro fato referido pelo mesmo autor: Marie Gourouou, da aldeia de Min-Guenn, perto de Paimpol, adormeceu certa noite depois de colocar perto da cama o berço de seu filho. Acordando durante a noite com um choro, viu o quarto iluminado por uma claridade estranha e um homem curvado sobre a criança, embalando-a docemente e cantando baixinho uma canção dos marinheiros. Ela reconheceu o marido, que partira havia um mês para pescar na Islândia, e notou que de sua roupa escorria água. "Como", exclamou ela, "já estás de volta! Cuidado, vais molhar o menino... Espera que vou levantar para acender uma luz". Mas a claridade se apagou, e quando ela acendeu a luz constatou que seu marido desaparecera.

Não iria vê-lo mais. O primeiro barco que voltou da Islândia lhe deu notícia de que o navio onde ele embarcara tinha naufragado, na mesma noite em que Gouriou aparecera debruçado sobre o berço do filho.

Encontramos, nas várias obras de Le Braz, professor da Faculdade de Letras de Rennes, muitos fenômenos da mesma espécie. No prefácio da obra já mencionada, ele diz:

> A distinção entre natural e sobrenatural não existe para os bretões; os vivos e os mortos são habitantes do mundo do mesmo modo, e vivem em perpétua relação uns com os outros. As pessoas não se espantam de ouvir sussurrar os espíritos entre os juncos mais do que de ouvir os pássaros cantarem nas sebes seus apelos amorosos.

É verdade que as histórias dessa espécie são muito comuns na Bretanha, mas deve-se dizer que a imaginação popular mescla com frequência criações fantasiosas ao mundo real dos espíritos. Para ela, não são apenas as almas dos mortos, mas também os duendes, korigans, folliked etc., que frequentam as habitações humanas assim como as charnecas, as praias e os bosques,[2] de tal forma que às vezes é difícil separar o que é verdadeiro nas histórias que são partilhadas nos serões junto à lareira.

Não é apenas na expressão popular de sentimentos e percepções, mesclados de verdades e ilusões, que se deve buscar o espírito dominante da Bretanha. É sobretudo nas obras de seus escritores, poetas e bardos. Ela vibra em seus cantos, vive e palpita em suas páginas.

De fato, sob a variedade de índole, de talento e de pontos de vista, encontra-se o mesmo substrato comum, o respeito a uma tradição que se perpetua através dos tempos e que constitui a própria alma desse povo.

Acrescente-se a isso, nos grandes escritores como Chateaubriand, Lamennais, Renan, Brizeux e alguns outros, a angústia dos grandes problemas humanos, a ansiedade dos enigmas do

---

2 No entanto, sabe-se que os espíritos da natureza, ou elementais (duendes, gnomos, fadas etc.), são uma realidade; até mesmo André Luis, o consagrado autor espiritual brasileiro, refere-se a eles como "trabalhadores do mundo vegetal". Os celtas, povo extremamente psíquico e vidente, os conhecia, e isso se perpetuou até hoje na tradição de seus descendentes, como de muitos outros povos (N.T.)

destino, o anseio do infinito, do absoluto. Trazem na fronte o sinal augusto daqueles que buscaram sondar o mistério da vida.

Logo depois desses grandes escritores, os bardos ocupam um lugar honroso, pois sua estirpe não se extinguiu na Bretanha; ainda se encontra alguns exemplares notáveis deles. Não pretendem, por certo, igualar-se aos antigos bardos pelo talento ou gênio, mas se inspiram no mesmo ideal; têm as mesmas causas: o patriotismo e a fé. Essa fé, é bem verdade, parece ser mais católica que celta; mas, debaixo de suas vivas inclinações religiosas, a centelha celta dormita, e bastaria um chamado, uma relembrança para despertá-la.

No decurso de minhas frequentes viagens à Bretanha, nas conversas com as pessoas do povo, artesãos, burgueses, pude perceber que a noção das vidas anteriores permanecia no fundo das consciências, semivelada. Não poderia ser diferente com os bardos modernos, que constituem uma elite intelectual. Eles não são exclusivamente voltados para o passado, gostam também de contemplar o futuro.

Sonham para a Bretanha uma autonomia semelhante à que goza o País de Gales, com sua língua, sua literatura, seus jornais. Sonham com a família fortalecida, e costumes mais puros, baseados na tradição. Sonham com uma união estreita com os países de além-mar de origem celta, aliados no sentimento de um destino comum. Conservam no fundo do coração uma confiança inalterável nos destinos de seu povo, na vitória final do celtismo e de seus princípios superiores: liberdade, justiça e progresso.

É isso que os faz acreditar numa missão sagrada, num papel social transformador. É o que dá a seus versos o tom que às vezes faz vibrar a alma do povo. Sua palavra inflamada será suficiente para sacudir a indiferença e galvanizar as massas? Certamente não; para isso será preciso a ajuda poderosa do Além, o concurso ativo do mundo invisível.

Note-se que esse movimento em prol do regionalismo não é específico dos bardos. Os intelectuais de todas as classes e de todos os partidos se unem a ele. Reivindicam essa descentralização prometida pela Revolução e que ainda não se concretizou. Na Bretanha, o patriotismo local não é exclusivista. Respeitando os laços que a unem estreitamente à França, deseja um lugar especial para sua pequena pátria dentro da grande, e a preservação da língua celta, que é a salvaguarda do povo bretão.

O movimento pancéltico não tem pois, na Bretanha, esse caráter separatista de que alguns críticos o acusaram. Foi com dificuldade que, no Congresso de Quimper em 1924, uma ínfima minoria de congressistas concebeu uma vaga idéia disso. O lema geral era: franceses primeiro, bretões depois.[3]

O objetivo dos dirigentes é regenerar a raça através de um idealismo elevado, constituído ao mesmo tempo por um cristianismo depurado e por um retorno às tradições célticas no que têm de mais nobre e maior. É nesse sentido que todos os celtistas da França e fora dela simpatizam com esse movimento.

A obra dos bardos bretões apresenta eclipses e desigualdades. Às vezes ela se confina na penumbra dos *gwerz* e dos *gwerziou*, cantos populares que obscuros improvisadores vão propagar de lugarejo em lugarejo, de *pardon* em *pardon*,[4] mas às vezes rompe em estrofes vibrantes na voz desse bardo cego: Yan-ar-Gwenn que, em 1792, nas ruas e praças de Quimper, revivia a chama do entusiasmo patriótico nos mais indiferentes.[5]

Devemos falar de um contemporâneo, Quelien, que se intitulava ironicamente "o último bardo", e cuja verve inesgotável alegrava os cafés literários e as salas de redação de Paris? Após haver criado os "jantares celtas", que reuniam todos os anos os bretões letrados da capital, e dos quais Renan foi a mais bela expressão, morreu esmagado por um automóvel, deixando uma obra extensa, incluindo duas peças de teatro no dialeto da região de Tréguier, intituladas *Annaïk* e *Perrinaïk,* que ele esperava poder encenar em sua querida Bretanha.

De forma estranha, ele parece ter previsto seu fim trágico, pois escreveu, no prefácio de sua *Bretagne Armoricaine*: "Tenho o pressentimento de que as tempestades da vida me irão desenraizar antes do tempo". Alguns julgaram essa morte acidental uma punição por ter desencaminhado o bardismo nos

---

3 Ver a revista *La Bretagne Touristique,* 15 de outubro de 1924.
4 O *pardon* é uma festa religiosa antiga e emblemática da Bretanha francesa, em honra do santo padroeiro local, sempre com uma procissão. Após as cerimônias religiosas, segue-se uma festa da comunidade (N.T.).
5 Vide Le Goffic, *L'Âme Bretonne*, vol I, p. 4 e segs, Ed. Champion, e H. de La Villemarqué, *Le Barzaz-Breiz*, Ed. Perrin e Cia.

O Gênio Celta e o Mundo Invisível

cabarés da colina de Montmartre.

H. de La Villemarqué pubicou em 1903 uma coleção considerável de poemas e cantos populares da Baixa-Bretanha, que foi alvo de contestações e críticas intermináveis; nela se encontra, contudo, coisas bem interessantes, muitas peças graciosas e tocantes, belos ritmos e evocações sugestivas; em suma, a expressão das alegrias e dores de um povo inteiro.

Não é meu propósito lembrar aqui as polêmicas candentes que surgiram a respeito de fraudes literárias atribuídas a certos escritores celtisantes, e muito menos tomar parte nelas. Esses debates e discussões expõem as idéias fixas e a paixão que os interesses políticos ou religiosos podem mobilizar para sufocar uma ideia grandiosa que os incomoda.

Por exemplo, pouco importa para nosso tema que a epopeia do Rei Artur e os romances da Távola Redonda tenham sido embelezados pela imaginação. Também pouco importa que o manuscrito dos poemas de Ossian seja obra do advogado Macpherson, ou que os senhores Luzel e de la Villemarqué tenham modificado e ampliado os cantos populares da Bretanha.

Nosso objetivo é outro. Não queremos fazer crítica literária, e sim mostrar toda a beleza e grandeza da doutrina dos druidas, que foi diminuída arbitrariamente. Para isso, basta que nos elevemos acima das contestações, além das rivalidades de escolas, para basear-nos no testemunho de historiadores imparciais que viveram à própria época dos druidas e os conheceram melhor. É o que faremos nos capítulos seguintes.

É verdade que a lenda de Merlin, o mago, poderia atrair-nos, pois esses eminentes pensadores a consideram como o poema onde se refletem da forma mais brilhante as qualidades e defeitos de alma celta. Entretanto, um exame atento de tudo que já se escreveu sobre o assunto nos demonstrou que tem uma parte considerável de ficção, e preferimos deixar a nosso amigo Gaston Luce, poeta inspirado que está preparando sobre esse tema um drama lírico de grande alcance, a tarefa de ressaltar o interesse dele. E nos limitaremos a reproduzir algumas linhas do célebre escritor Edouard Schuré, retiradas de sua obra *Les Grandes Legendes de France,* nas quais resume "a longa, heroica luta dos celtas contra o estrangeiro":

Artur se tornou, para toda a Idade Média, o tipo do perfeito cavaleiro. Revanche na qual os bretões não haviam pensado, porém não menos gloriosa e fecunda. Quanto a Merlin, ele personifica o gênio poético e profético da raça, e se permaneceu incompreendido pela Idade Média tanto quando pelos tempos modernos é, primeiro, porque o alcance do profeta ultrapassa muito o do herói; depois, porque a lenda de Merlin e todo o bardismo situam-se dentro de uma ordem de fatos psíquicos em que o espírito moderno só começa a penetrar agora.

* * *

Quando, sob a inspiração de meu guia, exploro as camadas profundas da memória para reconstituir a série de minhas vidas passadas, voltando às origens, encontro, não sem emoção, os vestígios de minhas três primeiras existências vividas sobre o planeta Terra, a oeste da Gália independente.

Revejo, na lembrança, essa natureza ainda virgem, meio selvagem, impregnada de mistério e de poesia e que o homem, apesar de sua pretensão de embelezar, só conseguiu mutilar e espoliar. Revejo esses altos promontórios batidos de tempestades, que se erguem diante dos horizontes infinitos do mar e do céu.

Parece-me escutar ainda a voz grandiosa do oceano, às vezes queixosa, às vezes ameaçadora, e o murmúrio da vaga que vai morrer ao fundo das enseadas solitárias, deixando sobre a areia uma orla de espuma. A onda embaladora não é a imagem do pensamento humano, sempre inquieto, sempre fremente e agitado?

Revejo a floresta profunda, repleta dos murmúrios de uma vida invisível, a floresta assombrada pelos Espíritos dos ancestrais, atraídos pelos santuários onde se realizam os sacrifícios e os ritos sagrados. Era tão vasta, essa floresta celta, que se precisava meses inteiros para atravessá-la; era tão espessa, tão cerrada, que no verão havia sombra em pleno meio-dia sob suas abóbadas verdes, tão imponentes como as naves das catedrais.

Todo celta conserva no coração o amor ardente, imperecível, pela floresta. Ela significa para ele um símbolo de força e de vida imortal. Após a morte do inverno, não renasce ela na

O Gênio Celta e o Mundo Invisível

primavera, assim como a alma, que após um tempo de repouso, volta à terra para manifestar as forças da vida que nela existem? Nesse ponto, como em tantos outros, os ensinos dos druidas se inspiravam nos espetáculos da natureza. No estudo de suas leis encontravam eles uma fonte abundante de lições vivas e eloquentes, sempre ao alcance dos homens, e que ofereciam uma base sólida, uma força incomparável a suas convicções. Nenhum dúvida quanto a isso, nenhuma hesitação, pensavam, porque a natureza é uma emanação da vontade divina.

É por ter se distanciado dela e desconhecer suas leis que, depois, o homem mergulhou no ceticismo e na negação. Mas antes, uma fé fresca e pura se evolava das almas como a fonte límpida jorra do solo sob a ramagem dos bosques. Espírito arrebatado e ardente, impregnei-me dela de tal forma que, apesar das vicissitudes de muitas existências, ainda guardo sua marca profunda.

Gostava de penetrar nos círculos de pedra (*cromlechs*) onde se evocava os espíritos dos mortos. Escutava com avidez as lições do druida contando-nos das lutas da alma no *abred* pra conquistar o conhecimento e a sabedoria e a plenitude de vida no *gwynfyd,* possuindo a virtude, o gênio e o amor. Sob a direção do mestre, dedicava-me a aprender e a recitar os incontáveis versos que constituíam o ensinamento sagrado.

Com esses repetidos exercícios, consegui dotar minha memória da flexibilidade e do alcance que a tornaram precioso instrumento de estudo e de trabalho que me seguiu pelas existências posteriores.

Capítulo 5

- Auvergne, Vercingetorix, Gergóvia e Alesia

Como uma cidadela coroando os cimos com suas torres e bastiões, Auvergne[1] ergue a cadeia de seus *puys*[2] acima das planícies e vales da França central. Dos elevados platôs e seus contrafortes descem e rolam as torrentes, os riachos que se tornarão depois os grandes rios cujas bacias, voltadas para três mares, dão à Gália esse aspecto regular, essa forma predestinada que parece, dizia Estrabão,[3] a obra de um deus.

O país dos arvernes era, para seus habitantes, uma terra sagrada. Gênios invisíveis pairavam sobre suas florestas e montanhas. De seu solo jorravam em abundância as fontes quentes, vapores benfazejos, manifestações de um poder subterrâneo que inspirava a esses povos primitivos uma espécie de temor religioso.

O Puy de Dome,[4] que domina toda a região com sua altura, era o altar gigantesco de onde a prece dos druidas ascendia ao céu, o templo natural do deus Teutates, ou antes, o espírito protetor que simboliza a força e a bravura dos arvernes.

O cenário das montanhas desperta na alma uma impressão quase tão intensa quanto a visão das noites estreladas. Essa impressão não se exprime quase em palavras, mas com frequência

---

1 Auvergne, região central da França, é uma área de montanhas, vegetação e lagos. Seu nome vem do povo gaulês arverno, do qual Vercingetórix foi líder à época da invasão romana. (NT)
2 Puys – termo usado na região de Auvergne para designar colinas de origem vulcânica, características dessa área, marcada pelo vulcanismo. (NT)
3 Famoso geógrafo grego da Antiguidade (NT).
4 Vulcão extinto, com 1464 metros, o mais famoso da região. (NT)

por uma contemplação silenciosa, uma admiração tanto mais intensa quanto mais profundamente a alma possua o sentido da harmonia e da beleza. Em Auvergne, ela se acentua diante das marcas deixadas pela ação do fogo subterrâneo que, no esforço por chegar à superfície, revolveu as camadas terrestres. Se, do alto do Puy de Dome, se contempla a longa cadeia de crateras que se sucedem do norte ao sul em linha reta, se reconstituímos na imaginação o período de atividade em que todos esses vulcões vomitavam correntes de lava, cujos traços ainda se pode seguir por léguas inteiras, e que a gente da região chama de *cheires*, se tem a visão grandiosa do dinamismo que sacudia o globo no período quaternário.

O solo da região de Auvergne, tanto na região dos montes Dôme como dos montes Dore e Cantal, é fendido, crivado de crateras extintas, invadidas pelas águas. A mais notável é o lago Pavin, bacia vasta e profunda, com paredes de pórfiro, coroada por um anel de florestas. Pela brecha onde outrora a lava se escoava, se derramam hoje as águas límpidas do rio Couze.

Pela vereda que contorna o lago, através da floresta sombria, cheguei ao elevado platô dominado por várias crateras, entre outras a de Moncineire, ou montanha de cinzas. Esse é um dos lugares mais extraordinária de nosso país. A natureza bravia das primeiras eras do planeta ainda se mostra sob a vestimenta mutável das águas e dos bosques. Pelas emanações sulfurosas e pela lama quente que se encontra em alguns pontos em Auvergne, é sempre possível.

O contato com essa natureza agreste havia transmitido às populações primitivas essas qualidades rudes e fortes que caracterizam quase todos os montanheses.

Se o sentimento que possuíam os gauleses de sua origem comum, de seu parentesco racial, se a unidade moral e religiosa resultante se transformou em unidade política, os arvernes teriam sido os primeiros a se beneficiar disso. Sua terra não era o centro de atração e ao mesmo tempo a principal força material da Gália?

O Puy de Dôme era o santuário maior. Ia-se em peregrinação para lá de toda parte; Gergóvia era o local mais reforçado, e Vichy,[5] que então pertencia ao país dos arvernes, já atraía, pela

---

5 Cidade famosa por suas fontes termais. (NT)

virtude de suas águas, multidões de enfermos e feridos.

O rei Bituit tinha mobilizado duzentos mil combatentes contra os romanos, e a cavalaria arverne era considerada como a melhor de todas. Mas Bituit foi vencido e o império arverne se eclipsou durante algum tempo. Enquanto isso, vastos agrupamentos políticos se formavam em outros lugares: a federação armoricana a oeste, a federação belga ao norte do Marne. A dos arvernes se reconstituiu, englobando todo os povos das Cévennes.[6] Porém a rivalidade invejosa dos éduens estragou tudo. Eles apelaram a César, cujas legiões penetraram pouco a pouco na Gália, e fizeram aliança com ele. A influência do pérfido procônsul aumentou rapidamente e tornou-se em breve ameaçadora para a independência gaulesa.

É então que aparece a grande e nobre figura de Vercingetorix. Criado pelos druidas, foi nessa educação que ele absorveu as raras qualidades, a elevação de caráter que o distinguiam. A morte cruel de seu pai, Celtil, queimado vivo por condenação do Senado, por ter aspirado à coroa, lançou uma sombra sobre sua juventude e contribuiu para torná-lo desde cedo grave, meditativo e sonhador. Tinha, dizem, a percepção do mundo invisível, essas intuições inexprimíveis que são talvez reminiscências, lembranças anteriores, um conjunto de coisas mergulhadas na inconsciência profunda e que tendem a reviver, buscando a luz da consciência.

Camille Jullian, tão reservado nesses assuntos, não hesita em nos dizer que Vercingetorix, mandado bem cedo à escola dos druidas, vivia em familiaridade respeitosa com esses sacerdotes. Deles aprendeu que possuía uma alma imortal e que a morte é uma simples mudança de estado. Ensinaram-lhe que o mundo é imenso e que a humanidade se estende até muito longe, bem depois das terras familiares e dos territórios de caça e de guerra. Assim, o jovem fazia pouco a pouco uma ideia da grandeza do mundo, da eternidade da alma, da unidade dos gauleses.

Tudo em Vercingetorix o predispunha ao comando: o talhe alto e soberbo, diz Camille Julian, o destinava à admiração das multidões. Possuía a superioridade física e intelectual que empresta à vontade uma segurança especial, e os arvernes poderiam perguntar se Luern ou Bituit, os chefes ainda célebres

---

6 Cadeia de montanhas no sudoeste da França. (NT)

O Gênio Celta e o Mundo Invisível   55

da Gália triunfante, não estariam retornando na forma juvenil de seu último sucessor. Educado e amado pelos bardos, havia se tornado ele próprio um bardo, e sabia expressar-se em versos e imprimir a seus discursos aquele tom arrebatador que sempre impressionou os celtas. A propósito, lembremos a seguinte citação de Mommsen, o grande historiador alemão, a qual demonstra que nossos antepassados não eram tão bárbaros como se pretende: "O mundo celta se liga mais fortemente ao espírito moderno que ao pensamento greco-romano".[7]

E Camille Jullian insiste sobre o fato de que "Vercingetorix nem por isso era fechado e hostil à civilização greco-latina. Tomou dela muitos princípios de guerra, e teria aceito uma certa supremacia intelectual dos dois grandes povos vizinhos".

* * *

Em uma obra recente, intitulada *A Iniciação de Vercingetorix*,[8] André Lebey nos traz detalhes bastante interessantes sobre a educação religiosa e política do jovem chefe arverne. Primeiro, nos descreve diversas cenas vivas e coloridas onde os nobres, chamados de "colares de ouro", responsáveis pela morte trágica de Celtil, se entregam àquele gênero de intrigas que perdeu a Gália, acompanhando com uma cólera invejosa os progressos do jovem, temendo uma represália. Depois, a viagem de Vercingetorix, atravessando as vastas solidões silvestres que separam as tribos, visitando a floresta sagrada de Carnutes, onde participa da grande cerimônia anual presidida pelo druida chefe e pela grande sacerdotiza da ilha de Sein, e sua visita a Carnac,[9] onde realiza outros ritos. Ali, à hora do crespúsculo, escuta os cantos dos bardos, falando do Deus supremo:

> Creio em um Deus único, eterno, que não conhecemos, que por certo não conheceremos jamais. Creio naquele que é, que será, pois é o mesmo, naquele que se torna e sempre foi, pois é também o mesmo. O caminho que

---

7 Vide *Vercingetorix*, de Camille Jullian, p. 93, Ed. Hachette & Cia.
8 Albin Michet, Ed., Rua Huyghens, 22, Paris.
9 Carnac, pequena cidade da Bretanha, tem próximos, desde tempos ancestrais, os famosos alinhamentos de menires, pedras verticais de grande porte, que formam extensas linhas nos campos, e foi um santuário do culto celta (NT).

leva a esse desconhecido começa no sacrifício voluntário.

Sob a direção de um druida, guia tutelar e familiar, ele absorve nos santuários o conhecimento dessa grande doutrina, da qual Dom Marin afirmou que "não era imitada de nenhum outro povo". Sem dúvida, nesses textos, é preciso descontar a fantasia, mas os fatos principais repousam sobre uma base histórica.

O mais notável nessa obra são as páginas consagradas ao encontro solene e secreto dos dois druidas sobre a margem arenosa da Bretanha, diante das ilhas sagradas. Um deles, Divitiac, é admirador e aliados dos romanos, o ouro, Macarven, preceptor de Vercingetorix, tem em vista apenas o futuro e a grandeza da Gália, o desenvolvimento de seu espírito livre, fora de toda ingerência estrangeira.

Divitiac tinha chegado de uma viagem à cidade eterna, deslumbrado pela glória política e o esplendor monumental de Roma. Sonha com uma aliança que julga necessária para garantir o poderio da Gália e seu papel no mundo.

Macarven lembra a seu interlocutor a corrupção e o ceticismo dos romanos, sua rapacidade, sede de dominação e sobretudo a astúcia das artimanhas que lhes são habituais. Confiante na religião e na pátria que ama, deposita toda sua esperança em uma Gália independente.

Minha fé, diz a Divitiac, é mais clarividente que a tua. Para vencer realmente, melhor que ela pereça com as armas na mão, em nome de sua superioridade! O triunfo passageiro da matéria sobre o espírito não pode diminuir a vida do espírito, antes a consagra e a faz ressuscitar eternamente acima da vitória momentânea do inimigo. Ao contrário, aceitando, ainda que como ardil, o conquistador que a domina, ela se humilha aos poucos, se entrega. Uma derrota nobre valeria mais, por sua resistência legítima, que a vitória brutal somente devida ao número e à força. Só tenho confiança no caminho perpétuo e obstinado da consciência. Por ser mais reta, superior, decisiva entre todos os outros desvios, ela leva mais longe. Deixá-la, abdicar dela, é perder-se, morrer de uma morte da qual não se levanta mais. Essa morte engloba tudo, tão pesada que arrasta a alma esmagada sob o peso do nada. (p. 163)

Prosseguindo sua viagem, Vercingetorix vai consultar as druidesas da ilha de Sein.

Vieste, dizem elas, interrogar-nos sobre o enigma do mundo. Nós e nossos sacerdotes te respondemos. Chegaste, como nós, a conhecer a migração das almas e as leis da vida universal. Agora, outra tarefa te será imposta; é preciso de agora em diante pensar em Roma. Se tudo que viste do reino gaulês te fez amá-lo, se te ligas a nossa religião, forte e doce, natural e divina, onde o mal inevitável da vida se aclara e compensa pelo sacrifício, e depois chega à verdade sublime pelo culto equilibrado do espírito; se te dás conta de que, na cidade fria que o Capitólio vela, apesar da doçura do clima e a beleza dos Apeninos, vencido, lamentarias até a morte a falta do ar salubre da Gergóvia, o apelo vivo do Puy magestoso, a profundeza calma das florestas, então prepara-te desde já! Ergue-e para salvar teu país e tua religião única no mundo, teu país de águas claras, de corações rixentos, mas bons e cálidos. Acredita em mim, em minhas irmãs, acredita em nossos sacerdotes: essa virtude especial de nossa terra, onde a raça celta tem seu maior desabrochar, não existe em outro lugar.

Mais tarde, a grande druidesa conduz o chefe arverne ao promontório que se ergue sobre o mar assustador; diante da ilha sagrada e do tumulto das ondas que dão a suas palavras uma espécie de solenidade fatal, diz num tom imperioso:

Escolhido por todos, serás rei, e nos pertences. Sobre esta espada cintilante, à beira do abismo, símbolo da vontade, acima de todas as agitações humanas, jura devotar todos os minutos de tua vida, tua vida e tua morte, tudo que compõe teu corpo perecível, e tudo que prepara tua alma imortal para chegar à libertação. Estás aqui no limite do mundo. Se teu juramento for sincero, os deuses que velam sobre nós e nessas ilhas, nos confins do santuário de todos os santuários, te escutarão.[10]

---

10 *A Iniciação de Vercingetorix*, André Lebeu, pp. 191-201-205.

E por entre o vento e a tempestade, e o bramir das ondas furiosas, sobre a espada ensanguentada, Vercingetorix jurou!

* * *

Foi no ano de 53 antes de nossa era que, dolorosamente tocado pela situação da Gália, Vercingetorix tomou a decisão de se consagrar à salvação de sua pátria. César acabara de vencer, sucessivamente, os éburons, os trévires, os sénones, depois retornara à Itália deixando suas dez legiões dispersas no Norte e no Leste. Aproveitando-se disso, Vercingetorix, em pleno inverno, percorreu as tribos, preparando uma revolta geral, e com sua eloquência viril, redespertou o ardor patriótico e elevou a coragem abatida. Uma assembleia solene de todos os chefes gauleses teve lugar na floresta sagrada de Carnutes. Ali, sob os estandartes das tribos reunidos em feixes, os chefes fizeram o juramento de unir-se contra os romanos e proclamaram Vercingetorix chefe supremo. Sonhavam com uma pátria coletiva, uma grande Gália livre e federada, realização da fraternidade céltica concebida pelos druidas. Vercingetorix esforçou-se para introduzir mais ordem e método na organização militar e nos movimentos do exército gaulês. Demonstrou tanta habilidade e precisão que provocou este elogio pouco comum em seu inimigo: "Foi tão ativo quanto severo em seu comando" (César, *Comentários*).

Pode-se perguntar onde o grande chefe arverne, ainda jovem, havia adquirido suas aptidões, sua habilidade. Parece que o papel que se deve atribuir ao mundo invisível na história começa a sair do domínio exclusivo das religiões para penetrar pouco a pouco no da ciência. Esse papel, Camille Julian reconhece, ou melhor, discerne na vida de seu herói, e o relaciona com o de outros exemplos célebres. Os de Sartorius e Marius que tiveram suas profetizas, como Civilis teve Velleda, e "Vercingetorix, diz ele, teve junto de si aqueles que o colocavam em contato com o céu" (obra citada, p.133).

Porém o terrível procônsul, ao saber da revolta na Gália, deixou Ravena de repente e, após um viagem rápida, realizou algo que parecia impossível em pleno inverno. Atravessou as

Cevennes pelas veredas abruptas e cobertas de neve, e caiu com seu pequeno exército sobre a região arverne, obrigando assim Vercingetorix a dirigir suas forças para o Sul e a livrar as legiões cercadas. Depois dessa manobra hábil, César desceu o vale do rio Loire e se reuniu rapidamente ao grosso das legiões, a fim de ficar em condições de enfrentar os acontecimentos.

Não é surpreendente reencontrar, com dezoito séculos de diferença, fatos semelhantes em outra existência do mesmo homem de gênio que foi sucessivamente Julio Cesar e Napoleão Bonaparte?[11] A passagem das Cevennes não tem analogia com a do Grande São Bernardo e o 18 Brumário não lembra a passagem do Rubicon?[12]

Alguns meses depois, o sítio de Bourges pelos romanos, heroicamente sustentado pelos seus habitantes, mostrou a utilidade das reformas de Vercingetorix. Para deixar terra arrasada à frente do exército romano, os bituriges deixaram em chamas, por ordem dele, vinte cidades suas. César então retorna para Auvergne com suas legiões e ataca Gergóvia, centro da independência gaulesa; é repelido, forçado a levantar acampamento e bater em retirada durante a noite.

O general romano, que não tinha cavalaria, não hesitou para mandar chamar de além do Reno e alistar bandos de cavaleiros germânicos semisselvagens. É assim que, depois de haver declarado diversas vezes, abertamente, que só estava na Gália para defendê-la dos germanos, foi ele próprio que abriu o caminho para as invasões. Na batalha de Dijon, os pesados esquadrões germânicos romperam a cavalaria gaulesa e Vercingetorix, reduzido somente à infantaria, teve que se asilar em Alésia.

Enfim, seguiu-se o sítio memorável dessa cidade pelos romanos, o esforço gigantesco das legiões para bloqueá-la e a chegada do exército que vinha socorrê-la, ou seja, quase toda a Gá-

---

11 E que anteriormente havia sido Alexandre, o Grande (NT).

12 Alusão à travessia dos Alpes realizada por Napoleão com seu exército, pelo Monte S. Bernardo, na segunda campanha da Itália; o 18 Brumário foi a data do golpe de estado que iniciou a ditadura napoleônica na França, articulado pela burguesia para terminar de vez com a Revolução, que já durava 10 anos. Já o Rubicon era um curso d'água que demarcava o limite do território de Roma, ao norte, e era formalmente proibido a qualquer general atravessá-lo com suas tropas sem autorização do Senado. Ao fazer isso, César abriu caminho para a conquista e a tomada do poder em Roma, e "atravessar o Rubicon", ou Rubicão, passou a significar a tomada de uma decisão radical. (NT)

lia em armas. Esse exército fora lento para se reunir: os chefes se encontraram primeiro em Bribac, num conselho geral, para discutir os planos de Vercingetorix. Embora houvesse entre eles homens devotados incondicionalmente à liberdade da Gália, havia também ambiciosos de duas caras como os dois jovens eduanos Viridomar e Eporedorix, decididos ambos a apoiar em segredo as intenções de César.

Em uma luta terrível de três dias, o ímpeto furioso dos arvernes desbarata as linhas romanas, porém a traição dos eduanos anula seus esforços e o exército gaulês se dispersa, abandonando os defensores de Alesia à própria sorte.

Vercingetorix, vencido, poderia ter fugido, mas preferiu oferecer-se como vítima expiatória para salvar a vida de seus companheiros de armas. César estava sentado em um tribunal em meio a seus oficiais. Viu-se as portas de Alesia se abrirem. Um cavaleiro de alta estatura, coberto por uma magnífica armadura, saiu a galope, descreveu montado três círculos em torno do tribunal e, com um ar altivo e grave, jogou a espada aos pés do procônsul. Ele mesmo, o chefe arverne, se entregava a seu inimigo. Os romanos, impressionados, se afastam com respeito, mas César, evidenciando a baixeza de seu caráter, o cobre de insultos, manda colocá-lo a ferros, conduzir a Roma e jogá-lo na prisão Mamertina, masmorra sombria onde só se entrava pela abóbada. Após seis anos de um terrível cativeiro, o retiraram dali para participar do triunfo de César, e depois ser entregue ao carrasco.

Um dia, no decorrer dos tempos, esses dois homens se reencontraram de novo a serviço de uma mesma causa, sob uma mesma bandeira. César se chamava então Napoleão Bonaparte, e Vercingetorix era o general Desaix. Em Marengo, quando a batalha parecia perdida para os franceses, este último chegou bem a tempo, com suas tropas, para salvar seu antigo adversário, e essa constituiu toda sua vingança!

Edouard Schuré escreve, sobre Desaix, depois de lembrar seus feitos notáveis:[13]

> Ele foi a modéstia junto da força, a energia junto da abnegação. Buscava sempre o segundo lugar, e aí se porta-

13 *Les Grandes Legendes de France*, Edouard Schuré, Ed. Perrin.

va como no primeiro. Ferido mortalmente em Marengo, essa grande batalha que fez o primeiro Cônsul ganhar, e temendo que sua morte desencorajasse as tropas, disse simplesmente aos que o transportavam: "Não digam nada".

Nesses detalhes históricos, não vemos uma confirmação do que nos disseram os instrutores espirituais sobre a identidade desses dois personagens, Vercingetorix e Desaix, animados pelo mesmo espírito ao longo dos séculos? Assim foi com César e Napoleão, e muitos outros casos semelhantes.

Se o olhar do homem pudesse sondar o passado e reconstituir o elo que une tais vidas sucessivas, muitas surpresas lhe estariam reservadas, mas também quantas lembranças ruins e angústias viriam se juntar às dificuldades da vida presente, agravando-as! É por isso que o esquecimento lhe é dado durante a vida terrestre. Mas durante o desprendimento do corpo, nas horas de sono, e sobretudo após a morte, o espírito evoluído recupera a sequência de suas existências passadas e, à luz da lei de causa e efeito, em vez de vidas isoladas, incoerentes, sem antecedente e sem consequente, contempla o conjunto lógico e harmonioso de seu destino.

* * *

Assim como visitei a pé e com um sentimento de respeito o santuário celta da Bretanha, achei que devia fazer uma peregrinação a Gergóvia e Alésia. Subi as escarpas da acrópole arverne, e depois a encosta suave que leva da estação de Laumes a Alise. Uma bruma fria e penetrante envolvia a planície, enquanto no horizonte o disco avermelhado do sol parecia esforçar-se para vencer o nevoeiro.

Percorrendo as ruas da povoação, deparei, com surpresa, com uma estátua equestre com a inscrição: "A Joana d'Arc, a Borgonha". Será um monumento expiatório? Continuando a subida, cheguei ao platô onde se ergue a gigantesca estátua de nosso grande ancestral. Ali, sozinho, pensei por longo tempo, refleti tristemente sobre quantas lutas, sangue e lágrimas são precisos para que se realize a evolução humana.

A grande e nobre figura de Vercingetorix se destaca na sombra do tempo como um sublime exemplo de sacrifício e abnegação. Ele acreditou na pátria gaulesa, em seu futuro e sua grandeza, e por essa pátria lutou, sofreu e morreu. Recordou, na hora extrema, o juramento feito diante do céu, sobre o promontório bretão, em meio às ondas furiosas.

Oferecendo-se em holocausto para salvar seus companheiros de armas, inspirava-se no que havia aprendido dos druidas: é pelo esquecimento de si mesmo, pela imolação do eu em benefício dos outros, que se chega a *Gwynfyd*.

Pela lembrança desse herói, Gergóvia e Alésia serão para sempre lugares sagrados, onde a alma celta gosta de recolher-se para meditar e orar.

Capítulo 6

• A Lorena e os vosges. • Joana D'Arc, alma celta

Perguntam-me por que escrever sobre a Lorena.[1] Essa região, afastada dos territórios celtas, poderá ser incluída junto deles? Certamente, pois a Lorena sempre foi o baluarte de defesa do mundo celta contra os germânicos. Alem disso, observaram-me que existe uma lacuna em quase todas as obras similares. Falam muito da Bretanha e não mencionam as outras regiões celtas. Ora, para auxiliar, na França, o despertar dessa alma celta, fazê-la retornar às tradições, restituir-lhe o orgulho de suas origens, é preciso lembrar às outras regiões a sua ascendência, e libertá-las, assim, dessa influência romana que, há tantos séculos, esconde sua própria individualidade.

A Lorena sempre foi o caminho da invasão dos povos do Norte, atraídos pelo clima das regiões quentes ou temperadas. Desde as primeiras épocas de nossa história, é longa a lista das hordas estrangeiras que pisaram seu solo e devastaram seus campos. Minha infância inteira foi embalada pelos relatos das depredações causadas pelos exércitos inimigos. Quando eles se aproximavam, os habitantes dos vilarejos, levando o que possuíam de valor, se refugiavam na profundeza dos bosques, onde erguiam tendas às pressas. Enquanto no centro e no Oeste do país as fazendas e casas são espalhadas, de acordo com as necessidades do plantio, é de se notar que no Leste as populações se concentram

---

1 Lorraine, região do nordeste da França, na fronteira com a Alemanha, Bélgica e Luxemburgo. (NT)

em grandes povoações; as casas isoladas são raras. A Lorena sofreu mais que qualquer outra província com todo esse ir e vir de exércitos, esses cercos e embates sangrentos. Daí resultou um patriotismo intenso que persistiu através dos séculos. A cadeia dos Vosges se eleva qual uma muralha da qual o Reno seria a fossa. A planície da Alsácia[2] combina elementos gauleses e germânicos, mas por toda parte as lembranças celtas imperam. O mesmo ocorre em algumas outras regiões da Lorena.

Como um posto avançado sobre a linha das montanhas, o Odilenberg eleva bem alto sobre a planície seu campo cercado por blocos ciclópicos, vasta área cercada que poderia servir de refúgio e defesa a uma tribo inteira, com todos os recursos de grãos, forragem e gado.

Sobre duas elevações, hoje ocupadas por capelas, erguiam-se os templos de Hesus e Bellena. O Donon, como o Puy de Dome, era uma montanha consagrada aos deuses, e sobre quase todos os picos dos Vosges se encontram vestígios de altares druidas.

Vagueei muitas vezes por esses cimos e platôs cobertos de carvalhos, faias e abetos escuros, entre os rochedos de pedra grés avermelhada e as ruínas dos velhos *burgs*, pousados como ninhos de águia sobre os altos picos.

A que época remonta o vasto sistema de defesa que, com o nome de *muro pagão,* cerca as alturas dos montes Sainte-Odile, Bloss e Merelstein? Evidentemente, à época das primeiras invasões germânicas, que tinha como finalidade deter ou retardar. Essas trincheiras são, portanto, da época dos celtas.

Maurice Barres escreveu, a respeito: "Nessa montanha, a partir do século IV ou III a.C., os celtas construíram o *muro pagão*. Encontramos nesse pico as marcas de um *appidum* gaulês e provavelmente um colégio sacerdotal druida.[3]

"Os *tumuli* encontrados na área cercada", escreve Edouard Schuré, "os *menhirs* colocados no flanco, os *dolmens* e as pedras de sacrifício que se espalham pela montanha e os vales em torno, tudo prova que a montanha de Sainte-Odile foi, à época dos celtas, o local de um culto importante.[4]

---

2 Região francesa contígua à Lorena.
3 Maurice Barrès, *Au service de l'Allemagne*, cap. VI.
4 *Les Grandes Legendes de France*, Edouard Schuré. Ed. Perrin.

Esse autor considera esse notável conjunto de ruínas os restos de um dos maiores santuários da Gália. Situa no promontório de Landsberg o templo do Sol onde oficiavam os druidas. O panorama daí é imenso, estendendo-se atrás pelas vastas florestas e vales cercados que cobrem as encostas dos Vosges, e do outro lado, por toda a planície da Alsácia. Ao longe, estende-se a fita de prata do Reno; e no horizonte, acima do topo escuro da Floresta Negra, a vista se alonga até os cimos dos Alpes, resplandecendo com sua coroa de geleiras.

Note-se que, como observamos a respeito da Bretanha, a maioria dos grandes santuários cristãos foi adaptada, pode-se dizer enxertada sobre os de cultos anteriores. Os lugares consagrados durante séculos pelos druidas viriam surgir mais tarde o monastério de Santa Odila, padroeira da Alsácia.

Apesar da mudança da religião, há dois mil anos as longas filas de peregrinos se dirigem à "montanha do Sol", em busca de auxílio. Sob denominações e fórmulas diversas, sua fé e suas preces atraíram e acumularam ali forças psíquicas, cujo poder e dimensão a ciência mal começa a entender.

Criaram, assim, um teor fluídico e magnético que permite ao mundo invisível acercar-se do físico e atuar sobre ele. Daí decorrem as manifestações e sobretudo as curas maravilhosas que se produzem nos lugares sagrados de todas as épocas, de todos os países e de todas as religiões.

Em meio a esses lugares grandiosos, o pensamento se eleva com mais força, se comunica mais intensamente com o Além, pois Deus está em toda parte onde a natureza fala ao coração do homem. Quanto um sopro perpassa sobre a vegetação e ondula o cimo das grandes árvores da floresta, e a voz das torrentes e cascatas sobe do fundo dos vales, a alma iniciada compreende melhor a beleza eterna, a suprema harmonia das coisas, e vibra em uníssono com a vida universal. É o que senti, não apenas nas alturas de Sainte-Odile, mas também na maioria dos picos dos Vosges e sobretudo no Honeck, onde o olhar abarca toda a planície até o Reno, até os Alpes longínquos.

Dia virá em que os homens, distanciando-se das velhas formas religiosas, unir-se-ão em um só pensamento de adoração e de amor. Como no tempo dos druidas, a natureza se tornará o templo augusto; será a religião do espírito, consciente de si próprio e de seu destino, que é evoluir vida após vida, de mundo em mundo, na direção do lar eterno da luz, da sabedoria e da verdade totais. E assim a unidade religiosa da terra e do espaço, das duas humanidades, visível e invisível, será criada.

* * *

Os vales elevados do Meurthe, de Moselle e de Vologne ainda possuem numerosos monumentos megalíticos; *menbires, dolmens, peulvens.*

Segundo Charton *(Les Vosges Pittoresques)*, o altar existente em Lamerey, os túmulos de Bouzemont, de Dommartin-les--Remiremont, de Martgny, são todos antiguidades celtas. O vale de Ajol, os arredores de Drney, possuem vestígios do mesmo tipo. A montanha de Deux-Jumeaux possui, no Piton Norte, cavidades circulares características onde os druidas recolhiam as águas pluviais, por serem as mais puras para a celebração de seus ritos religiosos. No Piton Sul, o Grande-Jumeau, encontram-se vestígios de um *oppidum* gaulês.

Pude observar pessoalmente na Lorena muitas dessas rochas transformadas em altares, com cavidades circulares, espécie de "pia de água benta" dos druidas, em especial no Grande-Rougimont, no vale da Haute Vezouse. Igualmente na montanha chamada "Tête des Cuveaux", perto de Épinal. Encontramos uma escavação semelhante, chamada "O Caldeirão das Fadas", na montanha de Répy, entre Raon-l'Etape e Étival. Próximo a Saint-Dié, outros vestígios celtas se encontram até na floresta de Molières, distantes das trilhas; na crista do monte Ormont, pode-se ver as marcas de alinhamentos de pedras erguidas.

Mais perto de Nancy, conhece-se o oppidum de Sainte-Geneviève, o de Champigneulles na floresta de Fourasse, e sobretudo, acima de Ludes, o chamado equivocadamente de "campo romano", que é celta, da Idade do Ferro. As escavações feitas nesses locais produziram resultados significativos, conservados no Museu da Lorena. Quantos outros vestígios celtas são considerados, por ignorância, como galo-romanos!

O Gênio Celta e o Mundo Invisível

A esses vestígios, na maioria profanos, preferimos os antigos altares em plena floresta, onde os romanos nunca penetravam, ficando nas cidades e nos grandes vales abertos às rotas comerciais. Amo as rochas ancestrais da floresta profunda, onde nós, celtas, nos sentimos em casa.

Os megalitos, como vemos, são numerosos na Lorena, como em todo o resto da Gália. *Menhires* ou pedras erguidas, *dolmens* ou mesas de pedra, *cromlechs* ou círculos de pedra são encontrados com frequência, sempre gastos pelo tempo, e aos quais se poderia com justiça chamar de pedras virgens.

Se a simplicidade das formas e a ausência completa de estética se pudessem considerar como indícios de uma idade remota, poderíamos situar a origem dos megalitos nas primeiras épocas da História. Entretanto, vemos que os celtas os utilizavam no curso de nossa era, enquanto revelavam uma arte refinada na confecção de armas, jóias, vestimentas, etc. Existia portanto, nessa simplicidade voluntária, uma intenção profunda, um sentimento religioso que Jean Reynaud, professor da Universidade de Paris, nos explica em seu belo livro *L'Esprit de La Gaule* (*O espírito da Gália*), nestes termos:

> Só podemos atribuir a origem dessa arquitetura primitiva ao respeito supersticioso que os primeiros homens deviam experimentar pela grandeza da terra. Deviam naturalmente ter receio de cometer um sacrilégio arriscando-se a modificar o aspecto desses blocos de formas inexplicáveis... Essa arquitetura representa a época em que o homem já desejava erigir monumentos e não ousava submeter ao martelo a face augusta da terra.

As encostas do Moselle e dos altos do Meuse, isto é, as duas séries de colinas que margeiam esses rios, eram em sua maioria coroadas por *oppida* e monumentos consagrados aos deuses e deusas locais: Teutatés, Taran, Belen, Rosmerta, Serona – deusa das águas – que eram na realidade gênios tutelares, espíritos protetores das tribos. Todos esses vestígios provêm de duas grandes tribos celtas, os mediomatriques, cuja capital era Metz (Divorentum) e os leuques, cujo centro principal era Toul.[5] Os

---

5 Ver Parisot, *Histoire de Lorraine*.

mediomatriques enviaram seis mil homens para libertar Alésia, enquanto os leuques, aliados dos Trévires, enfrentavam os germanos.

S. Jerônimo dizia, no século IV, que a língua celta ainda era usada em Verdun e Toul, e que entravava a expansão do cristianismo.

* * *

Voltemos às encostas dos Vosges. É preciso ter andado por muito tempo por essa região, visitando esses lagos, torrentes e cascatas, tudo que alegra e muda a cada passo essa paisagem, para compreender e sentir o encanto penetrante, a doce magia dessa região, que predispõe a alma ao recolhimento e ao devaneio. Eu gostava de conversar com os lenhadores e carvoeiros da floresta dos Vosges e constatei que se encontra neles tudo aquilo que caracterizava o povo celta: a estatura elevada, a jovialidade, a hospitalidade, o amor à liberdade. Bismark dizia dos lorenos, após 1871: "Esses indivíduos são muito indigestos!".[6]

Isso me lembra uma discussão que tive com alemães em Schlucht, no dia seguinte à anexação da Alsácia ao império alemão. Quando a disputa se acirrou, e eu era o único francês, fiquei surpreso ao ver de repente saírem do bosque uns homens altos, de rosto escuro: eram os carvoeiros da Lorena que haviam escutado tudo e vinham no momento oportuno, para apoiar-me.

Mas é sobretudo o vale do Meuse que conserva minhas lembranças e afetos. Minha aldeia natal, o lugar de meu atual nascimento, fica separado de Vaucouleurs apenas por uma floresta; perdi a conta de minhas excursões a Domrémy[7] e seus arredores. Uma forte atração me leva para lá.

A colina de Bermont, com seus bosques espessos, suas fontes sagradas, a antiga capela onde Joana ia tantas vezes rezar, conservou todo o seu encanto poético. O bosque de Chenu está mais devastado, porém a fonte de Groseilliers ainda deixa ouvir o seu doce murmúrio. A suntuosa basílica moderna, apesar de

6 A Alsácia-Lorena foi entregue pela França à Alemanha em 1871, ao término da guerra franco-prussiana. Posteriormente retornou à França, após a Primeira Guerra, em 1919. Foi anexada pela Alemanha nazista em 1940, durante a Segunda Guerra, e retomada finalmente em 1945. (NT)
7 Local de nascimento de Joana d'Arc. (NT)

seu fausto, não eclipsa a humilde igreja da aldeia onde Joana foi batizada.

Sobre o vale paira uma atmosfera mística que toca a alma pensativa e recolhida. Espíritos andam pelo ar, inspirando os escritores mais refratários; assim, Maurice Barres, que nem sempre foi simpático aos espíritas, mas era de coração um bom filho da Lorena, escreveu:

> Em Joana vemos atuar, sem que ela o soubesse, a velha imaginação celta. O paganismo apóia e envolve essa santa cristã. A Donzela reverencia os santos, mas instintivamente prefere os que as fontes das fadas abrigam. Joana reúne e concilia as diversas forças espirituais dispersas neste vale ao mesmo tempo celta, latino e católico, mesmo que tenha que morrer por isso, em consequência de sua nobreza intrínseca. Fontes druídicas, ruínas latinas e velhas igrejas romanas formam um acordo. Esta natureza escondida reacende em nós o amor por uma causa perdida da qual Joana é o tipo ideal... Enquanto tivermos um coração celta e cristão, não deixaremos de amar essa fada que transformamos em santa.[8]

O mago Merlin profetizou a sua vinda, como se diz? Isso é possível, mas tem sido contestado, e não insistiremos nesse ponto. O que é certo "É que ela foi anunciada, desejada, esperada, prevista no fundo de uma raça que sempre deposita sua esperança e fé no olhar inspirado das virgens' (p. 200).

Maurice Barres chega a atribuir às influências celtas que iluminaram a infância de Joana uma das causas de sua condenação.

Como Joana, eu gostava de visitar os bosques, as fontes sagradas, as árvores seculares em torno das quais acontecia a "dança das fadas". Quem eram essas fadas, de que se fala por toda parte na Lorena? Sem dúvida uma vaga e longínqua lembrança das druidesas de vestidos brancos, celebrando seu culto sob os raios prateados da Lua.

Edouard Schuré, em seu belo livro *Les Grandes Legendes de France*, diz: "As druidesas eram também chamadas de fadas,

8 Maurice Barrès, *Le Mystère en Pleine Lumière*, pp.189-190.

ou seja, seres semidivinos, capazes de revelar o futuro. (9) As druidesas, diz Dupiney de Vrepierre, predisseram o futuro a Aureliano, a Alexandre Severo e a Diocleciano.

"A origem dos druidas remonta à noite dos tempos, à aurora crepuscular da raça branca. As druidesas são ainda mais antigas, a acreditar-se em Aristóteles que diz descender o culto de Apolo em Delfos de sacerdotisas hiperbóreas. As druidesas foram de inicio livres e inspiradas, as pitonisas da floresta. Os druidas as utilizaram originalmente como sensitivas capazes de clarividência e previsão. Com o tempo elas se emanciparam, se organizaram em escolas femininas e, embora submissas hierarquicamente à autoridade dos druidas, atuavam de forma independente".

Disso resultaram certos abusos de poder, em particular no que se refere aos sacrifícios humanos, mas Schuré trata a questão por alto, e acrescenta:

> A ação está na origem de tudo. A noção da vidente, da visão espiritual da alma que vê e possui o mundo interior, superior à realidade visível, domina a lenda, projeta nela como raios de claridade.

Joana d'Arc era pois, por excelência, uma alma celta e como uma imagem desses seres predestinados desde a aurora da História às formas mais elevadas do sacerdócio feminino e da previsão. Não possuía ela as mais elevadas faculdades psíquicas – visão e audição, pressentimentos, premonições? Tanto nos interrogatórios dos examinadores e dos juízes como nas discussões dos conselhos e mesmo no tumulto dos combates, ela tem sempre a intuição do que deve dizer e fazer.[9]

Isso tudo numa jovem sem instrução, que não tinha vinte anos. E que lance nesse drama terrível! Trata-se da salvação da França, de decidir se ela será inglesa. Mas, como ela vai nos dizer pessoalmente mais adiante, ela era apenas "o modesto instrumento vibratório que recebia a inspiração do mundo invisível".

Certamente, agente do mundo invisível, missionária celeste,

9 Ver minha obra *Joana d'Arc, Médium.*

O Gênio Celta e o Mundo Invisível

ela o era. Quando os homens aprenderem a conhecer a vida que reina nas esferas superiores e nos espaços etéreos, saberão que Deus criou uma classe de espíritos angélicos e puros,[10] a quem reserva missões dolorosas, de devotamento e sacrifício, para a salvação dos povos e a elevação da humanidade. O Cristo, Joana d'Arc e outros pertencem a essa ordem de espíritos.

Quando descem aos mundos materiais, encarnam sempre nos meios mais humildes, para dar o exemplo da simplicidade, do trabalho, do desinteresse. Houve apenas a exceção de Buda, nascido nos degraus de um trono, e que mais tarde abandonou o palácio a esposa para internar-se na selva. Maomé também foi de início apenas um cameleiro obscuro.

Esses missionários são fáceis de reconhecer pelas irradiações poderosas que deles emanam e impressionam as multidões. Parece que têm na fronte e no coração um raio divino. Era assim com Joana d'Arc, segundo o testemunho do burguês de Órleans que disse: "E uma alegria vê-la e ouvi-la" (*Cronique du siège d'Orléans*).

E ainda hoje, quando decide visitar-nos, a longos intervalos, o espírito de Joana se anuncia em nossas sessões por uma forte irradiação luminosa. Aparece ao vidente numa forma cujo brilho é difícil de encarar. Foi assim que ditou, por incorporação, numa noite de Natal, a seguinte mensagem:

> Amigos, a Lorena vos saúda! Desejo que esta festa de Natal seja para vossos corações o símbolo da doçura, do amor, da esperança.
>
> Minhas atividades no Espaço não me permitem descer com frequência até vós. Devia-lhes estas poucas palavras, pois conquistastes minha afeição. Já estive aqui trabalhando convosco, pensei e orei junto.
>
> Desejo que Deus abençoe vossa obra e que faça bem aos franceses e francesas amantes do celtismo, da lembrança do povo celta. O povo francês, inviolável em sua essência, impregnada da centelha divina, não pode se extinguir! É por meio de bons textos que despertareis o amor por ele.

10 Deve-se entender, conforme a própria doutrina espírita, que essa classe de espíritos angélicos e puros não é constituída de almas criadas aparte, mas que resultam da evolução, igual para todos, e que as fez atingir esse estado. Isso vale para Jesus e todos os espíritos criados, aí inclusos todos os missionários. (Nota do Editor)

Unamos o pensamento divino à França, para que Ele envie suas irradiações de amor, afim de transformar nossos irmãos e irmãs que ainda desconhecem tudo de Deus.

Desejais colocar a pastora lorena em vossa obra. Durante toda minha existência terrena fui impregnada pela centelha celta. Ela alimentou em mim a chama do ideal patriótico, assim como os germes da fé transmitidos pelo druida chefe. Eu os sentia sob a forma de uma energia peculiar, feita do culto da tradição e do reflexo das leis imutáveis hauridas nas fontes da vida universal. Fui o modesto instrumento vibratório que recebia a inspiração divina. Desta terra da Lorena, que amais, levei através da França irradiações deixadas ali por séculos, e foi uma honra para mim poder reunir as almas desgarradas e as vontades titubeantes.

Se vosso coração vos manda falar da Lorena, de suas vibrações celtas, dizei que Joana, a pobre pastora de Domrémy, foi o instrumento dócil que ouviu as vozes dos bem-amados espíritos, prova de que o raio celta não se achava extinto no solo da França.

O amor a Deus, à pátria e ao próximo são as essências mais suaves e luminosas transmitidas pela luz recebida outrora dos druidas. Elas se estendiam e difundiam da Bretanha à Lorena, irradiando-se do Oeste para o Leste.

Se vos alegra escrever este capítulo, é porque será inspirado por vossos bons guias e por vosso coração. Joana vos agradece por isso. Em troca, pedirá a Deus que sustente, na alma dos que irão ler vossa obra, a fé em Deus Todo-Poderoso e bom, e o amor à pátria, ao solo que recebe os eflúvios celestes, o que traz ao coração a alegria de amar com reconforto e esperança.

Segunda parte

O druidismo

Capítulo 1

- Síntese dos druidas • As *Triades*: objeções e comentários

A síntese dos druidas se ergue do fundo das eras como um dos mais altos cimos que o pensamento filosófico já pôde atingir. Embora ensinada secretamente, traduzia-se com toda a nitidez nos conceitos e ações dos iniciados gauleses, e sobretudo nos cantos dos bardos, provocando nos autores gregos e latinos sentimentos de admiração e respeito.

De fato, Aristóteles não disse, em sua obra sobre o mágico, que "a filosofia nasceu com os celtas, e antes de ser conhecida pelos gregos, era cultivada entre os gauleses por aqueles que eram chamados de druidas e semnotes"?

Este último termo tinha, para os gregos, a acepção de "adoradores de Deus".

Diadoro da Sicília dizia que havia entre os gauleses filósofos e teólogos "julgados dignos das maiores honras". Etienne de Bizâncio, Suidas e Sotion concedem igualmente aos druidas o título de filósofos. Diógenes Laércio e Polyhistor afirmavam que a filosofia existira fora da Grécia antes de florescer em suas escolas, e citavam como exemplo os druidas, que consideravam os predecessores dos filósofos propriamente ditos.

Lucano chega a dizer que os druidas eram os únicos que conheciam a verdadeira natureza dos deuses.

Falando das analogias que existem entre a filosofia dos druidas e a escola de Pitágoras, Jean Reynaud assim se expressa: "Não apenas a antiguidade não hesita em aproximar os druidas da escola de Pitágoras, mas os inclui inteiramente nela".

Jâmblico, em sua *Vida de Pitágoras*, informa que o filósofo teria se instruído com os celtas. Polyhistor, que é uma das maiores autoridades históricas dos antigos, relata em seu livro *Símbolos* que Pitágoras visitara tanto os druidas quanto os brâmanes. São Clemente, que nos transmitiu a opinião deste historiador, concordava com ela sem dificuldade, por considerá-la justificada pela semelhança das doutrinas.

Valério Máximo declara que "os gauleses com seus *braies*[1] pensavam o mesmo que o filósofo Pitágoras com seu manto". Na primeira fila dos autores latinos, encontramos o próprio César, o próprio inimigo do nosso povo. Apesar de sua intenção evidente de sobressair aos olhos da posteridade, e do propósito de denegrir que o inspirava, não afirmou, em seus *Comentários sobre a Guerra das Gálias,* que os druidas ensinavam muitas coisas sobre o Universo e suas leis, sobre a forma e as dimensões da Terra e o movimento dos astros, sobre o destino das almas e seu renascimento em outros corpos humanos?[2]

Horácio, Florus e muitos outros escritores, como sabemos, dão testemunho da elevada ciência e da filosofia dos druidas e da profundidade de seus ensinamentos.

Lembremos também a opinião dos escritores cristãos da época: Cirilo, Clemente de Alexandria, Orígenes e alguns pais da Igreja distinguem com cuidado os druidas da "multidão de idólatras" e lhes atribuem também a condição de filósofos. Por tudo isso é que as *Triades*, que são um resumo da síntese dos druidas, se apresentam como um monumento digno de toda nossa atenção, e não como uma obra de imaginação, como a consideram tantos críticos superficiais.

O druidismo, como todas as grandes doutrinas, tinha duas faces, dois aspectos. Um externo, feito de figuras, imagens e símbolos. Era a religião popular, ao alcance do povo. A outra, profunda e oculta, era a doutrina que revelava as grandes verdades e as leis maiores, reservada àqueles a quem o grau evolutivo tornava capazes de compreendê-las e apreciar-lhes a beleza. Por aí, essa doutrina se relaciona com as outras grandes revelações, budista e cristã, todas provindas, em sua essência, de

---

1 Espécie de calças curtas usadas pelos celtas. (NT)
2 Cesar, Comentários, Tomo VI, cap. XIV.

uma mesma fonte, única e grandiosa.[3] Nos países celtas, ela não era transcrita na língua comum, o que significaria entregá-la a qualquer um; entretanto, os druidas possuíam uma escrita simbólica vegetal, chamada escrita *oghan*, e a utilizavam, porém só os iniciados lhe possuíam as chaves. Permaneceram traços dela na Irlanda e no País de Gales.

O ensinamento era basicamente oral, transmitido de boca a boca sob a forma de estrofes, em inúmeros versos, que foram mais tarde divulgados pelos bardos, que eram iniciados. Na época em que as *Triades* passaram a ser escritas, o cristianismo já havia penetrado na Gália. É possível, como supõem alguns críticos, que isso tenha influído sobre a redação delas, nalguns pontos. No conjunto, essa obra-prima conserva sua poderosa originalidade, sobretudo na visão que oferece da ascensão da alma desde o fundo do abismo, *anoufn,* até as alturas sublimes de *gwynfyd.* O cristianismo silenciou a respeito da evolução dos seres inferiores e tudo que diz respeito à vida em todos os níveis abaixo do humano, e isso constitui uma lacuna considerável na explicação das leis da vida.

Alega-se que as *Triades* só foram traduzidas e publicadas em francês no decurso do século passado. Isso não altera em nada sua antiguidade e demonstra apenas a indiferença dos franceses por nossas verdadeiras origens, pois não é verdade que somos latinos. Entendemos que não tenha conquistado a magnífica floração da literatura e da arte greco-latinas, que contribuíram bastante para suavizar a rudeza dos celtas, ou a corrompê-los. Reconhecemos a porção grande e legítima que lhes cabe na formação de nossa língua, embora esta contenha ainda muitos elementos celtas. Essas, porém, não constituem razões para negar nossos ancestrais, que eram superiores aos gregos e romanos, e sabiam mais sobre o que existe de fundamental para se conhecer neste mundo, as grandes leis espirituais e o verdadeiro destino dos seres.

Embora se atribua a importância merecida às tradições gregas e latinas, é de se admirar a indiferença acadêmica em relação aos textos célticos. Nos cursos que fizemos no College de France e na Sorbonne, Arbois de Jubainville e Gaidoz queixa-

---

3 Ver mensagem do Espírito Allan Kardec no final do volume.

O Gênio Celta e o Mundo Invisível   79

vam-se amargamente da necessidade de fazer-nos acompanhar suas explanações em obras alemãs que reproduziam o original celta, em face da ausência de obras em francês, enquanto as traduções inglesas das *Triades* e dos cantos dos bardos existem há mais de mil anos.[4] A falta de documentos pode não ser mais que uma falta de iniciativa e de boa-vontade.

As *Triades*, por sua profunda originalidade e seu contraste marcante com todas as formas de paganismo, trazem em si próprias a garantia de sua autenticidade. Deplora-se com frequência, e com razão, a destruição da biblioteca de Alexandria, queimada por ordem do califa Omar, e a perda de tantos documentos preciosos sobre a Antiguidade oriental. Mas por que os críticos silenciam sobre um acontecimento similar, a destruição, por ordem de Cromwell, da biblioteca celta reunida pelo conde de Pembroke no castelo de Rhaglan (País de Gales), tão rica em manuscritos da época dos bardos?

Quanto às analogias constatadas entre a doutrina dos druidas, a dos brâmanes e a de Pitágoras, a explicação que é dada atribuindo-a às viagens deste às Gálias e à Índia, nos parece pouco verossímil para essa época longínqua em que as viagens ofereciam tantas dificuldades. É mais simples e lógico atribuir essas semelhanças a revelações idênticas provindas do mundo invisível.

De fato, Pitágoras tinha sua médium, Theocléa, que ele desposou na velhice. Os druidas tinham suas videntes, suas profetizas, e recebiam eles próprios inspirações, como atesta Allan Kardec.[5] Por sua vez, os brâmanes conheciam todos os meios de se comunicar com os pitris (espíritos).

Os dois mundos, o visível e o invisível, sempre se comunicaram entre si, e naquela época de fé intensa e pensamento reflexivo, a comunhão, nos santuários da natureza, era mais fácil, intensa e profunda.

Foi somente na Idade Média que a Inquisição, o fanatismo católico, acendendo as fogueiras e condenando a elas, a pretexto de feitiçaria, os médiuns e videntes, rompeu o laço entre esses

---

4 O mesmo ocorria com outras matérias, como por exemplo o americanismo ou a história da América antes de Cristóvão Colombo.

5 Caso análogo é o de Sócrates, que era médium e recebia diretamente a doutrina superior sem precisar de viagens, como ele próprio declara, segundo Platão, ao final do *Górgias*.

dois mundos. Hoje se refez, e sabemos por nós mesmos que grandes ensinamentos podem jorrar das esferas superiores para a humanidade.

Uma das características peculiares do druidismo é o conhecimento anterior e profundo desse mundo invisível e das forças ocultas da natureza, dessas energias secretas através das quais se revela o dinamismo divino. O que sabemos hoje, graças aos espíritos, sobre as grandes correntes de ondas que percorrem o universo e são como as artérias da vida universal, e das quais derivam as forças fluídicas e magnéticas, os druidas o sabiam das mesmas fontes, limitando seu uso ao domínio psíquico. Nossa fraca ciência está começando a descobrir-lhes o alcance e as aplicações no âmbito industrial, sem prever as consequências malsãs e os efeitos destrutivos que podem ocasionar nas mãos de uma humanidade tão pouco evoluída.

A esses conceitos de ordem geral se ligava um conhecimento mais preciso do ser, de sua natureza e de seu destino.

De acordo com as *Triades*, existem três fases ou níveis de existência: em *Annoufn*, ou nível da necessidade, o ser começa nas formas mais rudimentares. Em *Abred*, ele evolui de vida em vida no seio das humanidades e adquire a consciência e o livre-arbítrio. Enfim, em *Gwynfyd* ele goza da plenitude da existência e de todos os seus atributos, liberto das formas físicas e da morte. Eleva-se à mais alta perfeição e atinge o plano da felicidade.

As *Triades* 12, 13 e 14 assim expressam:

12 – Três círculos de vida:
O Círculo de *Ceugant*, onde só existe Deus, nem vivos nem mortos, e ninguém além de Deus pode atravessar;
O Círculo de *Abred* (das transmigrações), onde cada passagem gera a morte, e que o homem atravessa atualmente;
O Círculo de *Gwynfyd*, onde cada passagem gera a vida, e que o homem atravessará no céu.

13 – Três estados das criaturas:
O estado de necessidade em *Annoufn* (o abismo ou profundeza obscura), o de liberdade na humanidade, e o de amor em *Gwynfyd*, no céu.

14 – Três estados necessários de toda existência: o começo em *Annoufn*, a travessia em *Abred*, a plenitude em *Gwynfyd*, e sem esses três estados necessários nada pode existir, exceto Deus'.

Os nascimentos não são, portanto, produtos do acaso, mas expressões da grande lei da evolução. A vida presente é, para cada ser, a resultante de suas vidas anteriores e a preparação das futuras; recolhe nela os frutos bons ou maus do passado e, segundo seus méritos ou deméritos, sobe ou desce no caminho ascensional. Seu destino está sempre em harmonia com seu valor moral e seu grau de evolução.

Renan, em seus artigos na *Revue des Deux Mondes* sobre a poesia celta, ressalta a distinção que deve ser feita entre as doutrinas celta e romana. Segundo os druidas, o ser individual possui em si próprio o princípio da independência e da liberdade, seu gênio próprio, suas forças evolutivas. Com o catolicismo, é mais pela graça, ou seja, por um favor do Alto, que o ser se aperfeiçoa e eleva.

Essas doutrinas, porém, não são irreconciliáveis, pois o celta conhece os laços estreitos que o unem ao mundo invisível e aos seres que o habitam. Daí decorre, para ele, o culto dos espíritos dos ancestrais e, por extensão, um sentimento de solidariedade que o une à imensa cadeia da vida que se desenvolve desde as profundezas de *Annoufn*, o abismo,[6] às alturas felizes de *Gwynfyd*.

A doutrina celta se destina em especial às almas corajosas que se esforçam para atingir os altos cimos, a todas as que veem na vida uma luta constante contra os maus instintos, consideram as provas como uma purificação e evoluem na direção da luz, da beleza suprema.

O cristianismo é o espírito benfeitor que se debruça sobre o sofrimento humano, é a Providência que consola, sustenta, reergue, a mão tutelar que guia a ovelha tresmalhada e a reconduz ao aprisco.

Essas duas doutrinas se completam mutuamente e se harmonizam, formando um caminho de perfeição. Tudo que vem

---

6 Correspondente aos estágios pré-humanos da centelha divina em evolução, os chamados "reinos inferiores da natureza". (NT)

de Deus é perfeito, e é por isso que as três grandes revelações: a oriental, a cristã e a celta, são idênticas em sua origem, porém elas se difundem, se diferenciam e às vezes se desnaturam pela ação dos homens.[7] O que chama a atenção nos adeptos do druidismo é sua profunda fé, sua confiança absoluta em um futuro sem limites. Acima das contingências humanas, acima de nosso livre-arbítrio, fonte ao mesmo tempo de nossa miséria e grandeza, acreditam e sabem que uma lei de sabedoria e harmonia reina sobre o mundo e que finalmente o bem há de triunfar sobre o mal. É o que expressam as *Triades* 43 e 44:

> Três coisas aumentarão dia a dia, e a tendência a elas se tornará sempre maior: o amor, o conhecimento e a justiça.

> Três coisas se enfraquecerão dia a dia, e a oposição a elas crescerá sempre mais: o ódio, a injustiça e a ignorância.

Dessa certeza resultava, para nossos antepassados, essa firmeza nas provações, essa coragem nos combates que os tornava legendários e os fazia caminhar para os perigos e a morte como para uma festa. Essas qualidades viris de nosso povo se enfraqueceram muito, hoje, sob o sopro deletério e persistente do materialismo. Contudo, as vimos reaparecer nos momentos memoráveis das batalhas do Marne e Verdun. O novo espiritualismo vem reanimá-las em nossas almas, em nível compatível com nosso grau de civilização.

* * *

Já pudemos observar há muito tempo que os avanços do pensamento e da ciência, as descobertas astronômicas e tudo que diz respeito à física do planeta, têm confirmado a concepção dos celtas sobre o universo e Deus.

Os cantos do bardo Taliésin sobre os planetas e a evolução da vida, que datam do século V, e os testemunhos dos autores

---

7 Ver Mensagem nº 1, cap. XIII.

O Gênio Celta e o Mundo Invisível

antigos sobre a profunda ciência dos druidas, o confirmam. As próprias *Triades*, em época mais recuada, além de terem anunciado e previsto as conquistas futuras da ciência, lhe descortinaram novos horizontes que ela ainda mal entrevê e hesita em penetrar.

À medida que progride o conhecimento do universo, a ideia de Deus se expande e as concepções teológicas da Idade Média se dissolvem. Ao mesmo tempo, a noção da força e do pensamento soberano se torna mais grandiosa e bela, cresce na direção do infinito e do absoluto.

Aqui se coloca um impasse contra o qual se chocam todas as filosofias espiritualistas. Não podemos, dizem elas, conhecer o ser em si mesmo, apenas através das relações que temos com ele. Ora, que relação pode haver entre o homem finito e relativo e o Ser infinito e absoluto? Não existe aqui uma antinomia?

Esse obstáculo, que nenhuma filosofia moderna conseguiria evitar, os druidas já tinham afastado desde o início, e nisso encontramos a manifestação de uma intervenção sobre-humana. De fato, a *Triade* 46 diz:

> Três necessidades de Deus: ser infinito em si mesmo, ser finito em relação aos seres finitos, estar em relação com cada forma de existência no círculo de *Gwynfyd*.

A respeito desse último ponto, possuímos meios de comprovação suficientes.

Todos os espíritos elevados que se têm comunicado em nossas sessões de estudo afirmam que percebem as irradiações do pensamento e da força divinos.

Os mais puros – em pequeníssimo número – percebem a luz do plano divino e as poderosas harmonias que dali se irradiam. Recebem ordens e instruções relativas às missões a cumprir, às tarefas que devem realizar. Pode-se até ir mais longe e dizer que, no plano terrestre, os homens mais evoluídos captam as irradiações divinas, não diretamente, mas como um reflexo que lhes vem iluminar a consciência.

Em resumo, Deus é a causa suprema, a fonte eterna da vida. É seu pensamento e sua vontade que movem o universo;

eles projetam permanentemente, através do espaço, ondas de moléculas, feixes de centelhas de vida que as grandes correntes de ondas transportam e repartem pelos orbes. Ali, essas centelhas de vida ascendem, através do ciclo imenso dos tempos, para a fonte suprema, revestindo-se das formas rudimentares da natureza.

Chegando ao estado humano, elas devem adquirir, com seu trabalho e esforços, todos os atributos divinos: consciência, sabedoria e amor, participando cada vez mais da vida, da obra eterna, num aumento gradual de brilho, poder e felicidade.

Para tornar a concepção druídica completa e perfeita, bastaria acrescentar-lhe a noção da solidariedade dos seres em função da paternidade de Deus, a comunhão universal em que cada um trabalha para a elevação de todos na sucessão das existências, do infinitamente pequeno às alturas divinas, até a conquista dos atributos da perfeição.

É, porém, uma doutrina de evolução por excelência, de progresso e de liberdade. Em vez de uma visão de imobilidade beata e estéril, uma vida de atividade, de desenvolvimento das faculdades e das qualidades morais. É a felicidade de se doar a todos e de elevar os outros, elevando a si mesmo.

O ser evoluído sente-se mais feliz em dar que em receber, e com isso podemos compreender a ventura de Deus em derramar sua própria essência em sua obra, em benefício de suas criaturas, na medida de seus esforços e méritos.

A ideia básica do druidismo é, portanto, a ideia de Deus, único, eterno, infinito. A primeira *Triade* o expressa formalmente, e a noção de Deus se desenvolve nas seguintes:

1ª – Há três unidades primitivas, e de cada qual só pode haver uma única: um Deus; uma verdade; um ponto de liberdade, isto é, o ponto onde se encontra o equilíbrio de toda oposição.

2ª – Três coisas procedem de três unidades primitivas primordiais: toda a vida, todo o bem e todo o poder.

3ª – Deus é necessariamente três coisas, a saber: a parte maior da vida, a parte maior do conhecimento e a parte maior do poder.

4ª – Três coisas que Deus não pode deixar de ser: o que deve constituir o perfeito bem, o que deve querer o perfeito bem, o que deve realizar o perfeito bem.

5ª – Três garantias do que Deus faz e fará: seu poder infinito, sua sabedoria infinita e seu amor infinito, pois não há nada que não possa ser feito, que não possa se tornar real e que não possa ser determinada por esses atributos.

6ª – Três finalidades principais da obra de Deus, como criador de todas as coisas: enfraquecer o mal, reforçar o bem e esclarecer todas as diferenças, de tal sorte que se possa saber o que deve ser ou, ao contrário, o que não deve ser.

7ª – Três coisas que Deus não pode deixar de fazer: o que há de mais vantajoso, o que há de mais necessário e o que há de mais belo para cada coisa.

8ª – Três poderes da existência: não poder ser melhor, na concepção divina, e nisso reside a perfeição de todas as coisas.

9ª – Três coisas necessariamente prevalecerão: o supremo poder, a suprema inteligência e o supremo amor de Deus.

10ª – As três grandezas de Deus: vida perfeita, conhecimento perfeito e poder perfeito.

11ª – Três causas originais dos seres vivos: o amor divino unido à suprema inteligência, a sabedoria suprema pelo conhecimento perfeito de todos os meios, e o poder divino unido à vontade suprema, ao amor e à sabedoria de Deus.

Quando se diz que os judeus foram os primeiros no mundo a afirmar a unidade de Deus, esquece-se que os druidas ensinavam isso muito antes deles. Mas enquanto a Bíblia nos apresenta um Deus antropomórfico, isto é, semelhante ao homem por certas imperfeições, o Deus dos druidas paira bem alto acima das misérias humanas.

Eis como Jean Reynaud se expressa em sua obra magistral.[8]

> No que tange ao conhecimento de Deus, a Gália só depende, no fundo, dela própria, jamais tendo tido que recorrer a outros para saber o que constitui a essência e a base da existência. Em vez de ser obrigada a enxertar-se num tronco vivo, como diz São Paulo, ela mesma era também uma cepa viva.

* * *

Em resumo, como dizíamos, a doutrina dos druidas repousa sobre três princípios fundamentais: a eternidade de Deus, a perenidade do universo, a imortalidade das almas. Para eles, o universo era o vasto cenário onde se desenrola o destino dos seres. A pluralidade dos mundos era o complemento necessário das existências sucessivas, a escala ascencional que se eleva até Deus.

Uma das coisas que mais surpreendiam os autores antigos era o conhecimento dos druidas em matéria de astronomia. Era um contraste profundo, nesse ponto, com a maioria das doutrinas orientais. Os testemunhos desse conhecimento são abundantes. O próprio César, como vimos, nos diz em seus *Comentários* que os druidas ensinavam muitas coisas a respeito da forma e da dimensão da Terra, a grandeza e a disposição das diversas partes do céu, e o movimento dos astros. Hecatro, Plutarco e outros dizem que das Ilhas Britânicas os druidas observavam atentamente as montanhas e vulcões da Lua e todo o relevo desse pequeno astro.

É na Gália, diz Jean Reynaud, que se teve a ideia de situar nos astros o lugar da ressurreição. O paraíso, em lugar de se reduzir a uma concepção mística, constituía uma realidade sensível, que se oferecia continuamente como espetáculo ao olhar humano.

Quanto à perenidade do Universo, ressaltava desta passagem de Estrabão:

---

8 Jean Reynaud, *L'Esprit de la Gaule*, p. 45.

O Gênio Celta e o Mundo Invisível   87

Os druidas ensinavam que a alma à imune à morte, assim como o mundo. A imortalidade decorria da ideia de que a grandeza inerente ao indivíduo está acima de todos os poderes materiais.

Tudo o que depende do mundo perece; as instituições, os monumentos, os impérios, mas dentre todas essas coisas precárias, existe um ser que só pertence a este mundo temporariamente, e que, superior por sua imortalidade às realidades perecíveis entre as quais se desenvolveu, eleva-se até o céu com uma sublimidade que a terra, apesar de seu fausto, não atinge.[9]

Quando se compara a tradição celta, tal como aparece nos cantos dos bardos, com as teorias da Idade Média, antes de Galileu, nos admiramos com o conhecimento profundo de nossos antepassados. Lembremos somente o canto do mundo de Taliésin, que data do século VI de nossa era:[10]

Perguntarei aos bardos, e por que não me responderiam eles? Perguntar-lhes-ei o que é que sustenta o mundo, para que, sem um suporte, ele não caia. Mas o que poderia servir a ele de suporte? Que grande viajor é o mundo! Enquanto desliza sem descanso, continua sempre em seu caminho, e como é admirável a forma dele, para que o mundo dali não se afaste jamais!

"Ainda hoje", conclui Jean Reynaud, "a astronomia clássica ainda se limita a estudar o mecanismo material do universo, e se acha tão distante ainda da verdade moral, incapaz de vivificar o movimento dos astros pela sucessão das existências: perde-se na multiplicidade das estrelas como numa poeira vã".

---

9 Jean Reynaud, *L'Esprit de la Gaule*, pp. 96 e 100.
10 Barddas, Cad. Goddeu. Tradução gaélica.

Capítulo **2**

• Palingênese: Preexistências e vidas sucessivas • A lei da reencarnação

Em seus ensinos, os druidas não separavam a noção da imortalidade daquela das vidas sucessivas. Com efeito, entre as grandes leis que regem a evolução dos seres, não há outra mais importante, mais necessária ao homem conhecer – depois daquela da sobrevivência da alma em seu envoltório fluídico – que a da reencarnação. A luz que ela projeta sobre o caminho da existência lhe dissipa todas as sombras, as contradições aparentes, e lhe revela o sentido mais profundo. Estabelece a ordem e a harmonia em lugar da desordem e da confusão.

Como pode ser que essa grande lei que, na realidade, deveria ser a base e o cimento de todas as doutrinas espiritualistas, ainda seja ignorada pela maioria das pessoas de nossa época? Não constitui ela a essência mesma da tradição celta, inscrita na profundeza da alma de nosso povo, e registrada nas *Triades* e nos cantos dos bardos? O Cristo, em suas duas encarnações conhecidas, a da Índia e a da Judéia, sob esses dois nomes quase idênticos, Krishna e Cristo, não ensinou a mesma doutrina, tanto no Evangelho como no *Bhagavad Gîta?*[1]

A Antiguidade inteira foi iluminada por essa mesma lei,

---

1 Ver meu livro *Cristianismo e Espiritismo*, consultar o índice. Ver também *O Problema do Ser e do Destino*, p. 321. Segundo o *Bhagavad Gita* (tradução de Emile Burnouf, C. Schlegel e Wilkins), Krishna assim se expressa: "Tu e eu já tivemos muitos nascimentos. Os meus só são conhecidos por mim, mas tu não conheces nem os teus. Embora eu não seja, por minha natureza, sujeito a nascer ou a morrer, sempre que a virtude declina no mundo e o vício e a injustiça prevalecem, então eu me torno visível e apareço através das idades para a salvação do justo, o castigo dos maus e o restabelecimento da virtude".

89

através dos ensinamentos de Pitágoras, de Platão, e dos da escola de Alexandria.

Nos primeiros tempo do cristianismo,[2] homens como Orígenes, S. Clemente e quase todos os pais da Igreja gregos a professaram com orgulho, e no século IV, S. Jerônimo, secretário do papa Dâmaso e autor da Vulgata, em sua controvérsia com Vigilentius, o gaulês, teve que admitir que era a crença da maioria dos cristãos de seu tempo.

Porém, o véu lançado pelas igrejas sobre essa grande luz trouxe uma profunda obscuridade a tudo que diz respeito ao problema do destino humano. Limitando ao círculo estreito de uma só vida a passagem da alma sobre a Terra, Roma simplesmente quis adaptar seus ensinos à compreensão medieval, ao grau de cultura de povos ainda bárbaros, ou então quis assegurar seu domínio pela concepção de uma vida que conduzia a um céu ou inferno eternos, dos quais afirmava possuir as chaves? Os dois pontos de vista parecem admissíveis.

Essas concepções engendraram consequências funestas para o gênio civilizatório e para o espírito religioso dos ocidentais, que elas deturparam em seus princípios, em sua própria essência. O objetivo da existência, isto é, o aperfeiçoamento da alma, sua educação, sua preparação para os mais altos níveis da escala ascensional, tendo se anulado na maioria dos casos, o projeto geral da vida se alterou.

Para os crentes, a preocupação constante com a salvação pessoal, o receio dos castigos eternos, paralisaram a iniciativa, extinguiram a independência do espírito, enfraqueceram o livro-arbítrio. Para os demais, a impossibilidade de conciliar no âmbito de uma única existência a variedade infinita das condições, das aptidões e dos caracteres humanos com a justiça de Deus, resultou no ceticismo, no materialismo e na negação de qualquer ideal elevado. Atualmente podemos constatar, a nosso redor, os frutos amargos dessa situação.

É de se admirar, após tantos séculos de erros e esquecimentos, que a escuridão tenha envolvido os cérebros mais bem dotados? Não temos visto filósofos eminentes cujas obras, com sistemas maravilhosamente construídos, ficaram estéreis, por-

---

2 Ver *O Problema do Ser e do Destino*, cap. XVII.

90   Léon Denis

que lhes faltava a noção essencial, a chave de ouro de todos os problemas: a lei da evolução através do renascimento?

* * *

O ser, diziam os druidas, se eleva dos abismos da vida e sobe, através de etapas incontáveis, para a perfeição; encarna no seio das humanidades, nos mundos materiais, que são as etapas de sua longa peregrinação. Essa doutrina é confirmada em muitos pontos por todas as grandes religiões, e pelas mais elevadas filosofias da antiguidade. Vemos nas *Triades*:[3]

> 19ª – Três condições indispensáveis para chegar à plenitude do conhecimento: renascer em *Abred* (a terra), nascer em *Gwynfyd* (o céu) e recordar todas as coisas passadas, até em *Annoufn* (o abismo).

> 25ª – Por três coisas o homem cai sob o domínio da necessidade de *Abred* (ou do renascimento): pela falta de esforço para obter o conhecimento, pelo afastamento do bem e pelo apego ao mal; em consequência disso, ele desce ao *Abred* até seu similar, e recomeça o ciclo de suas encarnações.

> 26ª – As três propriedades (fundamentos) do conhecimento: a transmigração integral através de todas as condições dos entes, a recordação de cada encarnação e de seus incidentes; o poder de passar à vontade, de novo, por qualquer situação devido à experiência e ao discernimento. Isso será obtido no nível de *Gwynfyd*.

Os cantos dos bardos afirmam o mesmo. Citaremos apenas o mais célebre, o de Taliésin, que data do século IV de nossa era:[4]

> Existindo desde toda a antiguidade no seio dos vastos oceanos, não nasci de um pai e uma mãe, mas das formas elementares da natureza, dos ramos da bétula, dos frutos, das flores da montanha. Brinquei na noite, adormeci com a aurora; fui peixe no lago, águia nas

---

3 Tradução de Ed. Williams, do original galês.
4 Tradução gaélica do *Cad. Goddeu.*

O Gênio Celta e o Mundo Invisível   91

alturas, lobo na floresta. Depois, assinalado por Gwyon (Espírito Divino), pelo sábio dos sábios, conquistei a imortalidade. Muito tempo se passou desde que fui pastor. Errei longamente pela terra antes de adquirir o conhecimento. Enfim me distingui entre os chefes superiores; vestindo os hábitos sagrados, empunhei a taça dos sacrifícios. Vivi em cem mundos, movimentei-me em cem círculos.

Registremos, de passagem, a analogia notável entre esse texto vindo de épocas distantes e as descobertas recentes da ciência sobre as condições vitais da água do mar. O texto diz: "Existindo no seio do vasto oceano, nasci das formas elementares da natureza". É conveniente ler-se, a respeito, na *Revue de Biologie Appliqueé*, 1926, as experiências realizadas no laboratório do College de France pelos doutores L. Hallion e Carrion, constatando que a vida animal teve seus primeiros representantes no mar, sob a forma de células isoladas. Consulte-se igualmente a obra recente do dr. Quinton, intitulada "A água do mar, meio orgânico. Constância do meio marinho original como ambiente vital das células através da série animal". "O reino animal", diz ele, "é todo ele de origem aquática, e mais, de origem marinha".

Não temos aí uma série de fatos que apontam para a elevada inspiração e o valor das doutrinas celtas, que ensinavam, há mil e quinhentos anos e mais, o que nossos sábios recém acabam de descobrir?

A literatura celta relata numerosos casos de reencarnação. E d'Arbois de Jubainville, que ocupou por muito tempo a cadeira de celtismo no College de France, pôde escrever a respeito das tradições irlandesas:[5]

> É a fé nessa metamorfose universal dos seres humanos que inspirou a crença nas metamorfoses de Tuan Mac Cairill e de Taliésin. Aliás, não são os únicos personagens na Irlanda cujas almas se revestiram de dois corpos humanos sucessivos e que renasceram muitas

---

5 *Le Cycle Mythologique Irlandais et La Mithologie Celtique.* Ver também, nos *Annales de Tigernach* publicados por Whitley Stokes, outros casos de reencarnação, e o *Cours de Litterature Celtique* de d'A. de Jubainville.

vezes. Mongân, rei do Ulster no início do século VI, era idêntico ao célebre Find, morto dois séculos antes do nascimento de Mongân; a alma do ilustre falecido tinha retornado do país dos mortos animar neste mundo um novo corpo.

Assim, a sobrevivência da alma e a possibilidade de que a alma de um morto retome um corpo neste mundo, são crenças celtas.

Faz algum tempo que os Espíritos dos nossos ancestrais, julgando que chegou a hora das grandes renovações, vêm projetando com mais intensidade as irradiações de seus pensamentos para a terra de França. Eis o que nos ditou o espírito de Allan Kardec, em 25 de novembro de 1925, por meio da incorporação:

> Queríamos inspirar a nossos políticos o espírito da tradição celta, da honestidade, a fim de que novos homens pudessem vir a transformar nosso país. Percebemos claramente os pensamentos entrelaçados que formam como uma confusão de cores variadas. As paixões impedem a formação de pensamentos elevados. O materialismo é inerente a uma geração que só trouxe da vida anterior prazeres inferiores, e que, no astral, permaneceu em esferas de baixa densidade. Voltou à existência com apetites insaciados.
>
> Achei que deveria buscar, em minha consciência profunda, a centelha de fé ardente, de claridade pura, que foi legada por minha existência celta, para tentar enviar a alguns humanos um raio de inspiração.
>
> Como temos facilidade, no Espaço, de recordar nossas existências passadas, quando estamos em uma esfera de densidade média, nos agrupamos espiritualmente, assim como na vida terrestre as paixões e aspirações se agrupam segundo suas afinidades. Por um lado, os grandes filósofos da antiguidade, os iniciados das antigas religiões, quando retornam ao Espaço, nos auxiliam. Os ascetas, os budistas, são poderosos agentes para ajudar a dissociar a matéria que pesa sobre os seres carnais de vosso mundo. Sabeis que alguns deles tinham um grande poder de irradiação.
>
> Os druidas deixaram, na alma das gerações primitivas

O Gênio Celta e o Mundo Invisível

que habitaram vossa terra, uma centelha que ficou latente ao fundo de cada consciência. Isso faz com que não se perca a esperança de reavivar uma chama que dorme em alguns de vós. Temos por missão agrupar os verdadeiros celtas que constituem a essência mesma da França. Posso falar sobre isso porque eu mesmo vivi na Bretanha, fui druida em Huelgoat. Mais tarde, junto ao mar, por uma graça especial, recebi as energias emanadas do plano superior e minha fé continuou viva e forte, e me acompanhou em minhas vidas posteriores, até aquela em que me conhecestes. Fui recompensado, porque as intuições alimentaram suficientemente a pequena chama interior e, recordando-me das leis da vida universal, senti que devia divulgar a doutrina que conheceis e que tinha ficado gravada ao fundo de meu espírito.

Esta mensagem nos demonstra que o espiritualismo moderno não passa, em realidade, do despertar do gênio celta que dormia há séculos e que reaparece, com toda sua claridade, sob as formas adequadas às necessidades da evolução humana.

É análogo, também, em muitos pontos, ao cristianismo esotérico, pois as grandes verdades emanam todas de uma única fonte e se difundem sob diversas cores, de acordo com o tempo e as circunstâncias, como as cores do prisma.

* * *

Após algum tempo de permanência e repouso no Espaço, a alma, dizem os Espíritos, precisa renascer na forma humana. Traz consigo toda a herança do passado bom ou mau e retorna para adquirir novos poderes, novos méritos que auxiliarão sua ascensão, sua marcha evolutiva. E assim, de renascimento em renascimento, o espírito progride, se eleva, ascende a esse ideal de perfeição que constitui o objetivo da evolução universal.

A Terra é um mundo de provas e expiação, onde as almas se preparam para uma existência mais elevada. Não existe iniciação sem provas, nem reparação sem dor. Somente elas podem purificar a alma, consagrá-la, torná-la digna de penetrar nos mundos felizes. Esses mundos, ou sistemas de mundos, se situam no universo em planos ou graus sucessivos; as condições de vida neles são tanto mais perfeitas e harmoniosas quanto mais se acentue a evolução dos seres que os habitam. Só podemos nos elevar a um grau superior quando adquirimos, no grau anterior, a perfeição a ele inerente.

Ora, a variedade quase infinita e a desigualdade de condições da vida sobre a Terra não nos permitem crer que se possa nela adquirir as qualidades necessárias no curso de uma única existência. É necessário, para a imensa maioria dos humanos, uma sucessão de vidas bem preenchidas para alcançar esse estado de sutileza fluídica e de maturidade moral que lhes permitirá participar das sociedades mais avançadas.

Em consequência, se todas as almas terrestres fossem levadas indistintamente a renascer nos meios superiores, estes seriam prejudicados por elas, e o plano geral da evolução ficaria alterado, totalmente distorcido.

Essa visão, esse julgamento é confirmado pelas declarações de numerosos parentes e amigos falecidos com os quais me foi dado comunicar-me ao longo de minha jornada.

Objetam que tal não acontece em toda parte. Na Inglaterra e na América do Norte, dizem, alguns espíritos levantam dúvidas e negam a necessidade dos renascimentos. Essa aparente contradição é o principal argumento dos adversários do espiritismo kardecista.

Se examinarmos a questão de perto, um fato ressalta de imediato: é que todos esses espíritos que se opõem à ideia da reencarnação pertenceram, na terra, à doutrina protestante. Sabemos que esse ramo do cristianismo dá a seus adeptos uma educação religiosa particularmente forte e veemente, uma fé robusta cujas características e visão se prolongam com tenacidade na vida do Além. O protestantismo ensina que depois da morte a alma é julgada de forma definitiva e colocada para a eternidade no paraíso ou no inferno.

O protestante não reza pelas almas dos mortos, porque seu destino é imutável. Doutrina rígida, que tira da alma culpada toda possibilidade de reparação e nega a Deus o poder sublime da misericórdia e do perdão. Para ela, não há forma de retornar

O Gênio Celta e o Mundo Invisível
95

à terra. O catolicismo, pelo menos, com a ideia do purgatório, abre uma possibilidade de resgate, e alguns sacerdotes vêem nessa teoria uma aproximação eventual com o espiritismo, se a Igreja um dia chegue a diminuir sua intransigência e reconheça que o purgatório, esse lugar de reparação, é a própria terra, através do processo dos renascimentos.

Portanto, pode se explicar pelos preconceitos dogmáticos inveterados a oposição de certos espíritos, nos meios protestantes, à lei da reencarnação.

Porém, dir-se-á, já que o passado está escrito em nós, em nossa consciência profunda, como o demonstram as experiências de exteriorização – sendo a morte a exteriorização completa e definitiva – como podem esses espíritos se enganar sobre a natureza desse passado e de seu futuro?

Sim, sem dúvida, todo o passado se acha escrito em nós, nos refolhos ocultos da memória subconsciente. Mas, assim como para ler um livro é preciso primeiro abri-lo, depois desejar e saber ler, para explorar as profundezas do ser é necessário um ato de vontade. É dessa forma que o hipnotizador obtém do *sujet* a reconstituição de suas existências passadas. Não acontece conosco mesmos termos que fazer um esforço mental repetido e longo para recapturar, na vida presente, lembranças adormecidas?

Muitas pessoas pensam que a morte é como um véu que se ergue e que se faz de pronto uma claridade intensa sobre todos os problemas que lhe dizem respeito. Grave erro, pois é lentamente, através de um trabalho interno, por observações e comparações repetidas, que a alma desencarnada se libera pouco a pouco das rotinas, dos preconceitos, das noções falsas que a educação terrestre acumulou nela. E é preciso para isso a assistência e a ajuda dos espíritos mais evoluídos.

Entretanto, como nos disse Allan Kardec, o espírito, no retorno ao Espaço, busca os agrupamentos de almas de vibração harmônica com sua própria visão e sentimentos, associa-se a sua vida espiritual e, daí em diante, confinado nesse ambiente específico, pode persistir por longo tempo nos equívocos e hábitos comuns. Todos os espíritas conhecem essa condição da alma que se revela nas comunicações de além-túmulo, e resulta às vezes em provas originais de identidade que não deixam de apresentar interesse do ponto de vista da demonstração da sobrevivência.

No curso de minhas experiências, encontrei por vezes espíritos desse tipo, que não se recordavam de ter vivido muitas vezes neste planeta, e que negavam facilmente o princípio das vidas sucessivas. Convidava-os então a perscrutar os recônditos ocultos de seu subconsciente e buscar vestígios de suas vidas anteriores. Nas sessões seguintes vinham declarar que tinham encontrado esses vestígios e podiam retomar o fio de suas múltiplas encarnações. Constatei que esses espíritos eram sobretudo os de ordem inferior. Seus antecedentes pouco brilhantes se resumiam a séries de existências de paixão, de violência, de desordem, fonte de amargos arrependimentos do além.

Longe de mim a ideia de incluir entre esses espíritos atrasados os de origem anglo-saxônica acima mencionados. Estes possuem talvez riquezas escondidas, intelectuais e morais, cuja importância ignoram. Convido meus amigos de além-mar a provocar neles uma busca metódica, uma análise aprofundada de suas faculdades e lembranças. Então se reconstituirá a sequência de suas existências terrestres, e chegaremos assim à unidade de visão capaz de oferecer à doutrina das vidas sucessivas toda sua autoridade e amplitude. Para isso, basta colocar em ação esta alavanca incomparável: a vontade!

Notemos, aliás, que faz meio século a crença na pluralidade das existências da alma não cessou de progredir nos Estados Unidos e na Inglaterra. Só contava, há uns trinta anos, com alguns representantes isolados, enquanto hoje, na opinião mesmo dos espíritas ingleses, a metade deles admite o retorno possível, às vezes necessário, da alma ao plano terrestre.[6]

6 Ramatís, em *A Sobrevivência do Espírito*, analisa esse fato de obras espiritualistas psicografadas, de língua inglesa, negarem a reencarnação. Explica que, em face dos preconceitos arraigados da aristocracia inglesa, "ser-lhe-ia bastante ridícula e antipática a doutrina que, logo de princípio, ousasse aventar a hipótese de que um homem de linhagem nobre pudesse reencarnar no seio da ralé, ainda com a disparatada finalidade de expiar faltas provindas do orgulho, da vaidade ou dos preconceitos de casta. O povo americano, ainda escravo do infeliz preconceito racial, também se recusaria a aceitar uma doutrina que ousasse afirmar a absurdidade de um homem branco renascer dentro da pele do preto tão detestado. Esses preconceitos constituíram-se em sérios obstáculos para a revelação prematura da reencarnação. Os espíritos preferiram, então, aguardar ambiente psicológico mais favorável para a revelação definitiva, assim como confiar na imposição da própria vida moderna, a derribar convenções e preconceitos petrificados. Evitaram provocar excessiva combatividade ao espiritismo ou atrair para ele a pecha de ridículo, no

Eis a opinião sobre o assunto de dois representantes dos mais autorizados e ilustres do pensamento espiritualista britânico, formulado em obras recentes.

O professor Sir William Barrett, da Universidade de Dublin, escreveu em seu livro *Au seuil de l'invisible*,[7] páginas 214 e 215:

> Opuseram à idéia da reencarnação o esquecimento total de nossas existências passadas, mas isso pode ser apenas uma eclipse temporária. É possível que a lembrança de nossas vidas anteriores nos chegue pouco a pouco no decurso de nosso progresso espiritual, à medida que atingimos uma vida mais ampla, uma consciência mais extensa.

E acrescenta uma citação de M.Massey, afirmativa e explicativa sobre o tema da reencarnação:

> A causa da reencarnação tem origem na atração que exerce nosso mundo. O que já nos trouxe para cá uma vez, nos trará de novo enquanto o objeto que nos atrai não mudar. Só a regeneração, ou seja a renovação de nossa natureza, pode nos eximir da reencarnação.

Em seus estudos sobre os múltiplos aspectos da personalidade humana, Sir Barrett afirmava também (p.11):

> Os casos de invasão psíquica tornam compreensíveis as reencarnações.

Por sua vez, Sir Oliver Lodge, reitor da Universidade de Birmingham, escreveu em sua *Évolution biologique et spirituelle de l'homme*,[8] p. 157:

> Pode-se admitir, em certos casos, a possibilidade das encarnações, não somente de uma sucessão de indi-

---

início de sua divulgação. Os ensinamentos do Alto são graduados de conformidade com o senso psicológico proporcional à suportação e compreensão dos seres humanos. A revelação da vida imortal do espírito e suas sequências são transmitidas por etapas gradativas, a fim de ser evitada a violência contra a imaturidade mental ou espiritual das criaturas, cuja reação pode ser nefasta". (N.T.)

7 Traduzido como *Nos Umbrais do Invisível*. (N.T.)

8 Traduzido como *Evolução Biológica e Espiritual do Homem*. (N.T.)

víduos comuns, mas também de verdadeiros grandes homens.

Ele acredita na reencarnação fragmentária que lhe parece ser aplicável ao caso do Cristo.

E Stainton Moses (Oxon), professor da Universidade de Oxford, que foi um dos divulgadores mais conceituados da ideia espiritualista em seu país, escreveu em seus *Enseignements Spiritualistes*,[9] p. 51, as seguintes linhas, obtidas através de sua mediunidade:

> A criança (o ser humano) só pode adquirir o amor e o conhecimento através da educação obtida em uma nova vida terrena. Tal experiência é necessária e numerosos espíritos escolhem retornar à terra a fim de adquirir o que lhes falta.

Frédéric Myers, em sua obra magistral, *Human Personality*, no capítulo X, expressa a mesma opinião, e diz, à página 329:

> A doutrina da reencarnação não contém nada que seja contrário à razão e aos instintos mais elevados do homem.

Volta a falar (p. 497) da evolução gradual (das almas) em muitas etapas, "à qual é impossível determinar um limite".

Quanto à América do Norte, poderíamos citar muitas obras ali editadas que demonstram que a ideia reencarnacionista tem curso lá também, e que as mensagens de Espíritos que confirmam os renascimentos são cada vez mais frequentes, como se pode ver na maior parte das revistas espiritualistas de língua inglesa. A mesma tendência aparece na acolhida feita à tradução de meu livro *O Problema do Ser e do Destino*, pelo sr. Vilcox, sob o titulo de *Life and Destiny*, editado ao mesmo tempio em Londres e em Nova Iorque.[10]

É evidente que essa grande verdade foi por muito tempo apagada pela lenta e insensível ação dos séculos, pois cada vez

---

9 Traduzido como *Ensinamentos Espiritualistas*, e publicado originalmente pelo autor sob o pseudônimo de M.A. Oxen. (NT)
10 Em Nova Iorque, por B. Donan Company; em Londres, por Gay, em Hancock.

O Gênio Celta e o Mundo Invisível

que a levantamos nos defrontamos com objeções que denotam um total desconhecimento.

Entretanto, não se deve perder de vista que essa doutrina permanece viva no Oriente. Neste momento, da Índia ao Japão, oitocentos milhões de asiáticos conhecem e aceitam a lei dos renascimentos. Bramanistas, budistas, xintoístas, partilham a mesma crença, o que lhe confere uma certa superioridade de visão. O Corão, em várias suras, declara a possibilidade das reencarnação de muitos adeptos do Profeta.

E sem ir tão longe, entre nós e em nossa época, seria longa a lista dos homens ilustres que partilharam essa crença, de Vitor Hugo, Charles Bonnet, Pierre Leroux, Jean Reynaud, até Mazzini e Flamarion. A maior parte deles não teve necessidade de provas experimentais. O uso da razão, livre dos hábitos de escola e dos sofismas, o panorama da vida se estendendo em torno de si, foram suficientes para que entendessem suas leis. Foram seduzidos pela beleza e elevação dessa evolução que faz do ser o artesão de seu próprio destino. A alma, concluíram, constroi ela própria o seu futuro por meio dos renascimentos, desenvolve suas faculdades, sua consciência, pelo trabalho, as provas, a dor, cinzel divino que lhe dá suas mais belas formas. Ela se depura, se eleva, absorve os esplendores do universo, se inicia em suas leis e participa, na medida de seu poder crescente, da ordem e da harmonia universais.

Para esses precursores, como para nós, espíritas, essa revelação, seja intuitiva, seja vinda do Alto, dissipou como uma bruma as hipóteses fantasiosas e as negações estéreis. A vida e a morte mudaram de aspecto; esta não é mais que a transição necessária entre as duas formas alternantes de nossa existência, a visível e a invisível. A vida é a conquista das riquezas imperecíveis da alma, das forças radiosas e das qualidades morais que garantem sua situação no além, e lhe preparam reencarnações melhores na Terra e em outros mundos. Com isso, o pessimismo sombrio se dissipa e dá lugar à confiança, à alegria de viver com a tarefa bem cumprida, a satisfação do dever realizado, com a perspectiva de um futuro sem limites e a ascensão gradual e radiosa de plano em plano, de esfera em esfera, na direção do lar divino.

Ora, o que tantas religiões ensinaram e ensinam, tantos pensadores antigos e modernos perceberam pela reflexão profunda, o espiritismo vem demonstrar experimentalmente. Não apenas possui o testemunho universal do mundo dos Espíritos, que se ergue em todos os pontos do globo e do qual falaremos mais adiante, mas já reuniu um conjunto de fatos comprobatórios, alguns dos quais iremos citar. Notemos que em um ser suficientemente evoluído, quando o estado consciente e o subconsciente estão em equilíbrio, quer dizer, em perfeita estabilidade, quando ele se afasta dos ambientes materiais, pode recordar-se do passado, e perceber, em intuições profundas, suscitadas pelos espíritos desencarnados, suas vidas anteriores.

Daí vêm as reminiscências de certos homens célebres, o reconhecimento de lugares onde viveram. Por exemplo, foi o caso de Lamartine em sua viagem ao Oriente, de Mery na Índia e na Flórida, e de tantos outros fenômenos análogos que se poderia lembrar.

Citemos os testemunhos publicados por algumas revistas inglesas relativos a crianças hindus que, na época do crescimento, na qual a incorporação da alma não é completa, conservam sua memória subconsciente e a lembrança de seu passado.[11] Casos análogos não são raros no Ocidente, mas recebem pouca atenção, considerando-se muitas vezes, erradamente, os relatos das crianças como imaginários.

Perguntaram-me por vezes as razões de acreditar em minhas vidas anteriores e as provas pessoais que tenho disso. Bastou-me para tanto penetrar em mim mesmo e, nas horas de calma e de silêncio, interrogar as camadas profundas da memória, para encontrar ali vestígios de meu passado. Se me entrego a uma análise severa, rigorosa, de meu caráter, de meus gostos, de minhas faculdades, reconstituo a cadeia de causas e efeitos pelos quais se construiu minha personalidade, meu eu consciente, através das idades.

Os detalhes de acontecimentos me foram transmitidos por meus guias, já que minha clarividência não vai até aí. É exata-

---

11 Ver, entre outras, a pesquisa promovida pelo marajá de Bhartpur e feita pelo doutor Rao Bahadur, que a conduziu com uma perfeita consciência cinetífica. A revista *Kalpaka* publicou quatro casos circunstanciados e detalhados de reminiscências de vidas passadas de crianças pequenas (segundo a *Revue Métapsychique* de Paris, julho-agosto de 1924).

mente esse severo exame interior que serve de comprovação e de controle, pois aí encontro a confirmação e a prova da exatidão das revelações feitas e que incluem nomes, datas, identidades, verificadas em minhas pesquisas bibliográficas.

Para tais estudos, o que não se pode obter no estado de vigília, pode-se provocar pela exteriorização completa do eu no estado hipnótico, o que com frequência pude efetuar com minha excelente médium, sra. Forjet. Sob a influência magnética do guia, ela reconstituiu suas personalidades anteriores com atitudes, linguagem, todo um conjunto de detalhes que lhe teria sido impossível imaginar. Deve-se notar, entretanto, que os resultados obtidos, por sua natureza íntima, só podem interessar e convencer os experimentadores.

Raros, porém, são os homens de nossa época que se dedicam a esses exames. Sua vida é toda exterior, e ignoram as possibilidades ocultas da alma. Existe toda uma psicologia misteriosa que é preciso explorar com extrema prudência, e que reserva aos pesquisadores ponderados grandes surpresas.

As experiências realizadas pelo coronel de Rochas, administrador da Escola Politécnica, e relatadas em seu livro *As Vidas Sucessivas*, foram contestadas; entretanto, erraríamos ao rejeitá-las em bloco, pois, se em alguns casos a fraude fica evidente, outros apresentavam um real aspecto de sinceridade. Assim aparenta ser o caso de Joséphine, uma jovem de Voiron (Isère) que, adormecida pelo coronel, revia-se em sua personalidade anterior de Claude Bourdon, que tinha morado outrora em um vilarejo do departamento de Ain, onde o *sujet* jamais tinha estado. Neste local foi encontrado o seu registro de nascimento, nos anais da paróquia. O fato foi acrescido de uma quantidade de detalhes curiosos que constituem, no conjunto, bons elementos de autenticidade.

Pode-se acrescentar a esse o caso de Mayo, uma jovem de Aix-en-Provence que, conectando-se com suas personalidades anteriores, revivia cenas trágicas de suas existências. Por exemplo, a gravidez e a asfixia por imersão foram constatadas pelo dr. Bertrand, prefeito de Aix, convencido de que esses estados não poderiam ser simulados por uma pessoa de 18 anos. Deve-se ver aí, como pensam alguns, a revelação de uma lei psicológica pouco conhecida, uma correlação do físico e do mental que abre caminho para pesquisas de uma ordem nova, a descobertas biológicas de elevada importância?[12] Seja como for, esses fatos vêm confirmar nossas afirmações sobre o poder do pensamento sobre os fluidos e sobre a própria matéria física.

Um fenômeno ainda mais complexo, pela variedade de formas que reveste, é a reencarnação, na mesma família, da pequena Alexandrine, filha do doutor Samona de Palermo, que voltou novamente após uma morte prematura. Encontra-se nela todas as particularidades morais e físicas características de sua curta vida anterior. Alexandrine conta diversas lembranças desta existência, por exemplo, uma excursão a Montreal, onde ela tinha reencontrado padres gregos vestidos de vermelho, o que é pouco comum na Sicilia.

Esse segundo nascimento, anunciado antecipadamente por manifestações de Espíritos, embora considerado impossível pelos pais por causas patológicas, aconteceu na data marcada. Os fatos se apóiam numa série de confirmações de testemunhas e de amigos que relataram todas a fases do fenômeno.

Hoje, Alexandrine tem 13 anos, escreve Gabriel Delanne em sua última obra[13] e pode-se acompanhar nela o desenvolvimento das características indicadas pelos Espíritos.

Não podemos listar aqui todos os casos de reencarnação anunciados previamente, todos os fenômenos de reminiscência de vidas anteriores de crianças e adultos, e os referentes à regressão hipnótica de lembranças.

Mas independente dos fatos de ordem experimental, quantas anomalias em torno de nós se explicam apenas pelo passado; poderíamos ler isso em muitos semblantes. Essas mulheres de formas pesadas, de gestos masculinos, esses homens de gestos afeminados, como todos conhecemos, não são espíritos que mudaram de sexo ao reencarnar? No meio do povo, e apesar da hereditariedade, todas as inteligências, os talentos, até gênios que surgem nas famílias até materialistas e grosseiras, não são

---

12 O autor, sagazmente, entreviu toda uma ordem de fenômenos da constituição psíquica que hoje são trabalhados na terapia de regressão a vidas passadas, como sejam a produção de sintomas físicos atuais a partir de traumas residuais de outras vidas, o retorno automático e direto justamente a esses fatos traumáticos do passado quando a consciência fica deslocada do momento atual etc. (N.T.)

13 Vide Gabriel Delanne, *Documents pour servir à l'étude de la réincarnation.*

O Gênio Celta e o Mundo Invisível 103

a manifestação de conquistas e aptidões anteriores? O mesmo acontece com essas naturezas delicadas e finas, descendentes de outras rudes e involuídas.

Por outro lado, nesses anarquistas, promotores de greves, ávidos de confusão e desordem, não se reconhece antigos burgueses egoístas, condenados a renascer entre aqueles que outrora exploraram, aos quais um vago instinto torna insuportável sua nova situação? E quantos outros contrastes, extravagâncias em aparência inexplicáveis, se esclarecem pela lei dos renascimentos. Pode-se rever César em Napoleão, Virgílio em Lamartine, Vercingetorix em Desaix. Alguns Espíritos acrescentam: Pompeu em Mussolini. Existem individualidades que reaparecem no correr dos séculos de tal modo que se pode reconhecê-las pela singularidade dos caracteres que se desenham com a nitidez de uma efígie, como o perfil de uma medalha antiga.

Mas não insistamos, porque essas comparações poderiam ser fonte de muitos abusos. Dada essa hipertrofia do eu, que é uma moléstia tão difundida, muita gente seria tentada a ver em si a reencarnação de alguma celebridade de outrora.

A cada renascimento, o véu da carne recai sobre a memória subconsciente, o acervo de lembranças mergulha novamente no mais profundo do ser. Não há exceção, a não ser certos casos de crianças e de pessoas evoluídas que podem exteriorizar suas faculdades psíquicas, como vimos anteriormente. Mas para a generalidade dos humanos, o esquecimento das vidas anteriores é uma regra, e é talvez uma bênção da natureza, pois, nos mundos inferiores e atrasados como este em que habitamos, o panorama das vidas primitivas está longe de ser reconfortante para a alma, por demais cheio de angústias, impressões dolorosas e humilhantes, de remorsos supérfluos cuja intensidade iria paralisar com frequências nossas ações, enfraqueceria nossa iniciativa, ao passo que retornamos para cá a fim de reparar e evoluir. Os detalhes desses acontecimentos se tornariam inúteis e o que importa é conhecer a grande lei que encadeia todas as nossas existências e as torna solidárias umas com as outras.

Essa concepção palingenésica nos parece oferecer o remédio indispensável ao estado de espírito de muitos de nossos contemporâneos. Com efeito, um vento de pessimismo sopra em alguns momentos sobre nosso país. Chega-se até a duvidar do futuro da França, da possibilidade de sua recuperação, semeando assim o desalento nos espíritos. Esse pessimismo é o fruto mórbido do ceticismo materialista que corroi, há um século, a sociedade contemporânea. Nossa literatura tem parte da responsabilidade disso. Escreve-se muito em nossa época, mas a maior parte dos autores não sente que constitui uma honra temível falar às massas ignorantes e impressionáveis. Esses escritores parecem não conhecer nada desse vasto mundo invisível que nos envolve e domina, nada dessas imensas reservas de forças e de almas que, pela reencarnação, vêm incessantemente alimentar, manter e renovar as correntes da vida humana. Eis porque esse estudo da reencarnação se impõe, pois sem ela, não se pode resolver nenhum dos problemas que dizem respeito à existência e à evolução dos seres e das sociedades.

Segundo os elementos que a reencarnação nos traz, o nível moral desce ou sobe. Quando ela traz a nosso planeta os egressos de mundos inferiores, a perturbação se acentua e a humanidade parece retroceder. Mas, também por ela, nas horas de aflição, individualidades poderosas podem surgir para dirigir por vias mais seguras os passos hesitantes da caravana em marcha.

É o que acontece neste momento em nosso país. Espíritos evoluídos e outros de ordem elevada aparecem, por meio da reencarnação, com um objetivo de regeneração. Esse movimento vai continuar, dizem nossos instrutores invisíveis, e dentro de uns vinte anos, poderemos assistir a um reerguimento dos povos ocidentais e particularmente da França.

Não há por que desanimar. Os prognósticos sombrios, os julgamentos pessimistas, os temores, os alarmes, resultam de uma concepção limitada da existência, à qual uma ciência rotineira impõe os limites restritos de nossa curta existência e de nosso pequeno globo, enquanto, na realidade, a vida tem recursos infinitos, pois se desenrola no seio dos espaços de onde inspira, estimula e fecunda a vida terrestre.

Se nossa literatura, nossa filosofia, nossa política, continuarem a se inspirar nas regras de uma ciência estreita e envelhecida, se uma compreensão geral da vida evolutiva e suas leis não vier penetrar, impregnar, transformar a alma humana, haverá

O Gênio Celta e o Mundo Invisível 105

menos esperança de ver mudar a situação moral e social de nosso país. É fundamentalmente a noção de uma única vida que alterou tudo, obscureceu tudo, e tornou incompreensíveis a evolução do ser e a justiça de Deus. Se a vida terrestre fosse tão limitada, nossos estudos e progressos seriam perdidos, tanto para o indivíduo como para a humanidade, enquanto que, pela reencarnação, tudo se perpetua, tudo se renova. Trabalhamos para todos, e trabalhando para todos o fazemos para nós mesmos. Assim, nada se perde, os indivíduos e as gerações são solidários entre si, e através dos séculos.

* * *

Pelo anteriormente exposto, pode-se ver que todas as grandes correntes filosóficas e religiosas do pensamento antigo, em relação aos elevados destinos da alma, após vicissitudes seculares despertam, se sintetizam e fundem no espiritualismo moderno sob a forma da lei da evolução pelas vidas sucessivas.

Todas as grandes religiões do Oriente, incluindo o cristianismo esotérico, a filosofia platônica e os princípios da escola de Alexandria nele se reencontram para unir-se à tradição sagrada do Ocidente, a de nossos pais, os celtas. Uma grande obra se realiza acima de nós, da qual não podemos medir a importância, mas cujos efeitos irão repercutir através dos séculos. Essa obra de síntese que representa a fé elevada, a fé superior da humanidade em marcha, não se poderia realizar dentro das religiões atuais, somente fora delas e pela ciência.

O catolicismo perdeu de vista sua missão salvadora e regeneradora. Com interpretações distorcidas, desnaturou a pura doutrina do Cristo, sobretudo no que diz respeito ao futuro do homem e à justiça de Deus. Contudo, é entre seus adeptos que se espalha mais facilmente a noção da pluralidade das existências. Isso porque, como vimos, o purgatório, bem mal definido pela Igreja, pode muito bem se conciliar com o resgate dos erros do passado por meio de vidas de provação.

O protestantismo, por sua vez, suprimindo a noção do purgatório, descartou toda possibilidade dos renascimentos.

Não é algo doloroso, assustador mesmo, de certa forma, a

constatação de que, após tantos séculos de civilização, a incerteza paire ainda sobre o problema do destino humano? A luz que brilhou nas primeiras épocas de nossa história apagou-se. Parece que o homem, afastando-se da natureza e de suas origens, ia mergulhar na escuridão. Somente agora, graças aos trabalhos de alguns pensadores enérgicos, é que os primeiros clarões de uma nova aurora vêm tocar a alma celta adormecida.

Para todos os que refletiam sobre a diversidade e a desigualdade das condições humanas, seja do ponto de vista das raças, da cultura, da civilização, seja no que concerne à duração da existência, o enigma da vida permanecia indecifrável; mas eis que, pela sucessão das existências da alma, tudo se encadeia e se harmoniza, numa lógica rigorosa.

O terrível problema da dor encontra também aí uma solução, e pode-se explicar melhor por que alguns seres experimentam o sofrimento desde o berço até o túmulo.

Todas essas vidas obscuras, atormentadas, dolorosas, são crisois onde a alma se liberta de suas impurezas, onde o ódio se consome, e as paixões do mal, por uma divina alquimia, se transformam pouco a pouco em paixões do bem.

Sem dúvida, o progresso nem sempre á perceptível, e a alma muitas vezes se revolta diante do sofrimento, mas quando o tempo da provação termina, se constata que não foi inútil e que a alma se beneficiou.

O mesmo ocorre com o problema do mal, que em seu todo é apenas um dos aspectos da mesma questão. Esse problema que tem suscitado tantas discussões estéreis, foi facilmente resolvido pelos druidas: Deus concede ao homem uma liberdade proporcional a seu grau de evolução, e a liberdade humana concebeu o mal. A primeira *Triade* inclui entre as três unidades primitivas, "o ponto de liberdade onde se equilibram todos os opostos".

Deus não poderia ter suprimido o mal sem suprimir a liberdade, o que teria alterado totalmente a lei da evolução, e com ela o princípio vital, a razão mesma do universo. Só o livre-arbítrio garante a livre ação da iniciativa, da vontade, de onde decorrem os méritos necessários para conquistar os bens espirituais, objetivo supremo da evolução. O ser, com seu esforço, deve conquistar através do tempo a sabedoria, o conhecimento,

O Gênio Celta e o Mundo Invisível   107

o gênio, e com eles a ventura, a felicidade, ou seja, tudo que faz a grandeza e a beleza da vida, pois não se aprecia de verdade, não se saboreia senão aquilo que se conquista por si mesmo.

Se o mal parece dominar sobre a terra, é porque esta constitui um grau inferior na escala dos mundos, e a maior parte de seus habitantes é de espíritos jovens, ainda ignorantes, dados às paixões. Mas à medida que nos elevamos na grande escala cósmica, o mal se atenua pouco a pouco, depois desaparece, e o bem se realiza, em virtude da lei geral da evolução.

Vamos expor as regras dessa lei por meio das *Tríades,* sob a forma concisa, no que se refere a *Abred,* o círculo das transmigrações, e *Gwynfyd,* o das vidas celestes. As *Tríades* 1 a 14 foram reproduzidas no capítulo V, e as que seguem, de 15 a 45, são o complemento. As *Tríades* que faltam aparecem nos pontos essenciais desta obra, onde encontram sua aplicação:

> *Abred*: 15. Três espécies de necessidades em *Abred*: o menor de cada vida, e a partir daí o começo. A substância de cada coisa, e a partir daí o crescimento, que não pode se fazer em outro estado. A formação de cada coisa a partir da morte, e daí a debilidade da vida.
> 16. Três coisas que só se pode conseguir pela justiça de Deus: sofrer tudo em *Abred*, pois sem isso não se pode adquirir um conhecimento completo de nada. Obter uma parte no amor de Deus. Chegar, pelo poder de Deus, à realização do que for mais justo e misericordioso.
> 17. Três causas principais da necessidade de *Abred*: Obter a substância de cada coisa. Obter o conhecimento de cada coisa. Obter a força moral para triunfar de todas as adversidades e do princípio da destruição e para livrar-se do mal. E sem elas, na travessia dos planos de vida, não há vivente nem forma que possa chegar à plenitude.
> 20. Três necessidades de *Abred*: A desordem, pois não pode ser de outra forma. A libertação pela morte, diante do mal e da perversão. A expansão da vida e do bem pela renúncia do mal, libertando-se da morte. E isso por meio do amor de Deus por todas as coisas.
> 21. Três modos de Deus em *Abred*, para triunfar do

mal e do princípio da destruição, escapando deles em *Gwynfyd*: a necessidade, o esquecimento, a morte.
22. Três primeiras coisas criadas simultaneamente: o homem, a liberdade, a luz.
23. Três necessidades do homem: sofrer, renovar-se (progredir), escolher. E pelo poder que confere a última, não se pode conhecer as duas outras antes de seu término.
24. Três alternativas do homem: *Abred* e *Gwynfyd*, necessidade e liberdade, mal e bem, todas as coisas estando em equilíbrio e o homem tendo poder de se ligar a uma ou outra, conforme sua vontade.
26. Por três coisas se recai em *Abred*, necessariamente, embora por outro lado se esteja ligado ao que é bom: pelo orgulho, ao longo de *Annoufn*. Pela falsidade, ao longo de *Gabien*. Pela crueldade, ao longo de *Kenmil*; e se retorna de novo à humanidade como antes.
27. Três causas que justificam o estágio humano: adquirir o conhecimento, o amor e a força moral antes que venha a morte. E só se pode fazê-lo pela liberdade e a escolha, portanto não antes do estágio humano. Essas três coisas são chamadas as três vitórias.
28. Três vitórias sobre o mal e sobre o espírito maldoso: conhecimento, amor, poder, pois a verdade, a vontade e o poder realizam, pela união de suas forças, tudo o que desejam; começam pelo estágio humano e depois duram para sempre.
29. Três privilégios do estágio humano: o equilíbrio do mal e do bem, e sua comparação. A liberdade de escolha, e daí o julgamento e a preferência. O início do poder que deriva do julgamento e da escolha, e são necessários antes de realizar o que quer que seja.
Gwynfyd: 30. Três diferenças necessárias entre o homem, todas as outras criaturas e Deus: o limite do homem, enquanto não se pode indicar o de Deus. O início do homem, enquanto não se pode indicar o de Deus. As mudanças (progressos) necessários do homem no plano de *Gwynfyd*, pelo fato de que ele não pode suportar a eternidade de *Ceugant*, enquanto Deus suporta qualquer estado com felicidade.
31. Três formas supremas do estágio de *Gwynfyd:* Sem mal, sem necessidade, sem fim.

O Gênio Celta e o Mundo Invisível

32. Três restituições do plano de *Gwynfyd*: O talento original. O amor original. A memória original, pois sem isso não há felicidade.

33. Três diferenças entre qualquer vivente e os demais: O talento. A memória. O conhecimento; ou seja, os três são plenos em si mesmos e não podem ser partilhados com outro vivente, cada qual em sua medida, e não pode haver duas plenitudes de qualquer coisa.

34. Três dons de Deus a todos os viventes: A plenitude de sua raça. A consciência de sua humanidade. A diferenciação de seu talento primitivo em relação a qualquer outro, e por isso cada um difere dos outros.

35. Pela compreensão de três coisas se diminui o mal e a morte e se vence: A de sua natureza. A de sua causa. A de sua ação. E se encontra as mesmas em *Gwynfyd*.

36. Três fundamentos do conhecimento: a repetição da travessia de cada estágio da vida. A lembrança de cada reencarnação e de seus acontecimentos. O poder de atravessar cada estágio de vida para experiência e julgamento, e isso se encontra no plano de *Gwynfyd*.

37. Três distinções de cada vivente no plano de *Gwynfyd*: A inclinação (ou vocação). A posse, ou privilégio, e o talento. E dois viventes não podem ser inicialmente parecidos em nada, pois cada um é pleno no que o distingue e nada é pleno sem que tenha atingido toda sua dimensão.

38. Três coisas impossíveis, salvo a Deus: suportar a eternidade de *Ceugant*. Experimentar todas as condições sem se transformar. Aperfeiçoar e renovar todas as coisas sem perdas (às suas custas).

39. Três coisas que não desaparecerão jamais devido à necessidade de seu poder: A forma do ser. A substância do ser. O valor do ser, pois pela libertação do mal elas serão eternamente ou vivas, ou inanimadas, nos diversos estados do belo e do bem no plano de *Gwynfyd*.

40. Três bens supremos resultantes das transformações da condição humana no *Gwynfyd*: o saber. A beleza. O repouso, por sua incapacidade de suportar *Ceugant* e sua eternidade.

41. Três coisas que crescem: O fogo ou a luz. A inteligência (ou a consciência) ou a verdade. A alma ou a vida. Elas vencem tudo e daí resulta o fim de *Abred*.

42. Três coisas que decrescem: A obscuridade. A mentira. A morte.

43. Três coisas se reforçam dia a dia, pois todos os esforços vão sem cessar para elas: O amor. O saber. A justiça plena.

44. Três coisas se enfraquecem a cada dia, pois todos os esforços vão contra elas: O ódio. A deslealdade. A ignorância.

45. As três plenitudes da ventura de *Gwynfyd:* Participar de todas as qualidades, com uma perfeição principal. Possuir todos os tipos de talento, com um talento predominante. Abraçar todos os seres com um mesmo amor, com um amor principal, a saber o amor de Deus, e é nisso que consiste a plenitude do céu e de *Gwynfyd".*

(Tradução do gaélico de Llevelyn Sion)

Vê-se, pela forma concisa e o sentido profundo, que essas *Triades* constituem uma obra original e rica que não pode ser considerada como criação de pensadores isolados, e sim como a expressão sintética do talento de toda uma raça. Referem-se a verdades eternas, e talvez tenha sido necessária a elaboração dos séculos para fazer compreender todo o seu alcance. Saem do olvido em um momento histórico em que o ideal se enfraquece, para restituir a nosso país a fé em si mesmo, a confiança em seu destino, e tornar-se assim o instrumento de uma civilização mais elevada, mais nobre, mais digna.

* * *

A lei da reencarnação, o retorno das almas para a terra, suscita objeções a que é necessário responder, receios que importa dissipar. Dos que questionam, uns receiam não reencontrar no Além os seres que amaram aqui. Perguntam se, em consequência dessa lei, seremos separados dos membros atuais de nossas famílias e obrigados a continuar sozinhos nossa lenta e penosa evolução. Outros ficam assustados com a perspectiva de recomeçar a tarefa material, após uma vida laboriosa, cheia de provas e de males. Apressemo-nos a tranquilizá-los!

A reencarnação só é rápida, e a estada do espírito no Es-

O Gênio Celta e o Mundo Invisível 111

paço de curta duração, nos casos de crianças mortas em tenra idade. Tendo falhado sua tentativa de retornar à cena terrestre – quase sempre por causas fisiológicas da mãe – essa tentativa se repete assim que as condições favoráveis se apresentem naquele meio. Em caso contrário, o espírito reencarnará próximo àquele meio, isto, entre pais ou amigos, de forma a permanecer ligado àqueles que tinha escolhido em virtude de uma atração resultante de laços anteriores, de forças afetivas que constituem uma certa afinidade fluídica.

Os espíritos formam numerosas famílias, cujos membros se procuram através das múltiplas encarnações. Enquanto uns buscam sua evolução no plano material, outros permanecem no espaço para os proteger na medida de suas possibilidades, sustentá-los, inspirá-los, esperá-los para os receber ao término da vida terrestre. Mais tarde, eles renascerão e, por sua vez, os protetores se tornarão protegidos. A duração da permanência no Espaço é muito variável e, conforme o grau de evolução, pode se estender por vários séculos ou durar apenas algumas dezenas de anos para os Espíritos desejosos de progredir.

Há sempre uma correlação entre a vida terrestre e a do Espaço. A família visível é sempre ligada à família invisível, mesmo que não o saiba. As afeições, os sentimentos que vêm de laços forjados ao longo de existências sucessivas, se transmitem de um plano a outro com tanto mais intensidade quanto mais sutil seja o estado vibratório dos seres que compõem essas famílias. A união perfeita que reina entre certas famílias se explica pelas numerosas vidas em comum. Seus membros se aproximaram por uma atração espiritual, uma sintonia de pensamentos idênticos, gostos e aspirações do mesmo tipo, e isso em graus diversos.

É fácil de reconhecer em uma família aquele que encarna como uma exceção e pela primeira vez, seja para se aperfeiçoar intelectual ou moralmente ao contato de seres mais avançados, seja, ao contrário, para servir de exemplo, de modelo, de instrutor para espíritos atrasados e, ao mesmo tempo, para ajudá-los a suportar as provas que lhes reserva o destino, o que se torna uma missão, uma tarefa meritória. Em certos casos, é tão gritante o contraste entre os caracteres, a maneira de pensar e de agir, que as pessoas que não sabem chegam a emitir esta opinião: esse não é da família, pode-se acreditar que foi trocado em pequeno!

Desde o Espaço, certos espíritos fazem combinações de reencarnar no mesmo meio para continuar uma evolução comum. Outras almas evoluídas aceitam o penoso papel de descer a lares materiais para transformar, por sua influência, os elementos grosseiros que dominam nesses meios, e esse ato de abnegação será para eles um novo motivo de progresso.

Perguntam-nos sobre as raças e sua relação com a evolução. Os espíritos dizem, a esse respeito, que cada região do globo atrai do espaço fluídos em harmonia com as emanações que se desprendem dali. Disso resulta que os Espíritos que renascem nessas regiões terão gostos e aspirações diferentes.

Entre os ocidentais, em geral, a evolução não foi uniforme. Variou de acordo com o país.

Não devemos nos admirar se um Espírito, em sua curta evolução, sente às vezes a necessidade de mudar de meio para adquirir as qualidades e conhecimentos que lhe faltem. Mas esses mesmos seres, retornando ao Espaço. reencontram em seguida os elementos espirituais de que haviam se distanciado por algum tempo e cuja lembrança guardavam. Durante o sono, o ser encarnado se reencontra com seus amigos no Espaço e revive por instantes sua vida passada, mas ao despertar essa impressão se apaga, pois seria de molde a perturbá-lo e prejudicar seu livre-arbítrio.

Embora nos separemos por algum tempo de nossa família terrestre, não abandonamos jamais nossa família espiritual, e quando a família humana evoluiu e chega a um plano fluídico superior, acontece o contrário, e será ela que atrairá, no Espaço, o espírito menos adiantado. A lei da evolução do ser através dos renascimentos é admirável, mas a inteligência humana só consegue entrever um pálido reflexo dela.

Os ensinamentos constantes destas páginas não são fruto da imaginação. Resultam de mensagens de espíritos obtidas por todos os processos mediúnicos e coletados em todos os países. Até agora, sobre as condições da vida no além, só possuíamos hipóteses humanas, fossem filosóficas ou religiosas. Hoje, os

O Gênio Celta e o Mundo Invisível

que vivem essa vida a descrevem para nós, e nos falam dos princípios da reencarnação. O que significam, pois, alguns exceções apontadas nos meios anglo-saxões, e cuja quantidade diminui a cada dia, diante da massa enorme de documentos e testemunhos recolhidos da América do Sul à Índia e ao Japão?

Não é mais, como no passado, um pensador isolado ou mesmo um grupo de pensadores que vem apontar à humanidade o caminho que acredita verdadeiro; é todo o mundo invisível que se agita e esforça para arrancar o pensamento humano de sua rotina, de seus erros, e lhe revela, como ao tempo dos druidas, a lei divina da evolução. São nossos próprios parentes e amigos falecidos que nos descrevem sua situação, boa ou má, e a consequência de suas ações, em conversas ricas de provas de identificação.

Possuo sete grossos volumes de comunicações recebidas no grupo que dirigi durante longo tempo e que respondem a todas as questões que a inquietude humana faz ao saber dos invisíveis. Os Espíritos guias nos instruíram por meio de diversos médiuns que nem sempre se conheciam entre eles, e sobretudo através de senhoras pouco letradas, repletas de preconceitos católicos e pouco inclinadas à doutrina da reencarnação. Ora, todos os que, depois, consultaram esses arquivos, ficaram impressionados pela beleza do estilo, assim como pela profundidade das ideias emitidas.

Talvez essas mensagens sejam publicadas um dia. Então se verá que, em minhas obras, não fui guiado somente por minha própria visão, mas sobretudo pela do Além. Reconhecer-se-á, sob a variedade de formas, uma grande unidade de princípios e uma perfeita analogia com os ensinamentos obtidos em todos os meios e com os quais Allan Kardec se inspirou para traçar as grandes linhas de sua doutrina.

Desde a época da guerra, nossos instrutores continuaram a se manifestar por diferentes médiuns. Através desses instrumentos diversos, a personalidade de cada um deles se afirmou por seu caráter próprio, por uma originalidade marcante, em suma, de modo a descartar qualquer possibilidade de simulação. Pode-se acompanhar ano a ano, na Revista Espírita, a quintessência dos ensinamentos que nos foram dados sobre assuntos

114   Léon Denis

sempre substanciais e elevados.

Depois, próximo do Congresso de 1925, foi o grande Iniciador, ele próprio, que veio nos assegurar o seu auxílio e esclarecer-nos com seus conselhos. E hoje ainda é ele, Allan Kardec, que nos incita a publicar este estudo sobre a reencarnação.

* * *

Até aqui não insistimos muito sobre o principal argumento que se levanta contra a doutrina da preexistência, ou seja, o esquecimento das vidas anteriores. Esse argumento foi refutado em detalhes em quase todas as nossas obras.[14] Esse esquecimento, como vimos, não é tão geral como se pretende e se a maior parte das pessoas se dedicasse a um estudo atento de sua própria psicologia, encontrariam ali facilmente os vestígios de suas vidas passadas.

Eis a opinião sobre o assunto de dois representantes dos mais autorizados e ilustres do pensamento espiritualista britânico, formulado em obras recentes.

Assim como demonstra Bergson em seu belo livro *Evolution Créatrice,* esse argumento não é conclusivo. Na vida atual, e sobretudo no estado sonambúlico, aposto ao normal, produzem-se hiatos de memória que tornam compreensível o esquecimento das lembranças passadas. Todos os espíritas sabem que o esquecimento de nosso passado é apenas temporário e acidental.

Por pouco que o espírito seja evoluído, a recordação integral se fará no Além e mesmo nesta vida, durante o sono. Quando desprendido, ele poderá relembrar a sucessão de causas e efeitos que constitui a trama de seu destino. É apenas durante o período de luta material que a lembrança se apaga, exatamente para nos deixar a plenitude de nosso livre-arbítrio, indispensável para vencer as dificuldades, as provas terrestres, e colher todos os seus frutos.

Em suma, o esquecimento das vidas passadas deve ser considerado como um benefício para a maioria das almas humanas no estágio pouco elevado de sua evolução. Essa lembrança seria com frequência inseparável de revelações humilhantes e de re-

14 Ver, entre outras: *Depois da Morte, Cristianismo e Espiritismo, e O Problema do Ser e do Destino.*

O Gênio Celta e o Mundo Invisível   115

morsos pungentes como queimaduras. Em vez de nos hipnotizarmos por um passado ruim, é no futuro que devemos colocar o objetivo de nossos esforços e o impulso de nossas faculdades. Não diz a sentença que ao colocar a mão na charrua não se deve olhar para trás? De fato, para traçar os sulcos retos, ou seja, para enfrentar e prosseguir no combate da vida com vantagem, não se pode ficar obcecado pelo cortejo das más recordações.

Somente mais tarde, na vida no Espaço, e sobretudo nos planos superiores da evolução, é que a alma humana livre do jugo da carne, liberta da pesada túnica de matéria que restringe sua percepção, pode abarcar sem sucumbir e sem vertigem, o vasto panorama de suas existências planetárias. Então ela terá adquirido a maturidade necessária para discernir, pela razão e o conhecimento, o elo que as une todas, os resultados obtidos, tirar disso os ensinamentos que trouxeram. É o que diz a *Triade* 19:

> Há três necessidades prévias antes de chegar à plenitude do conhecimento: atravessar *Abred,* atravessar *Gwynfyd,* lembrar-se de tudo, desde *Annouffn.*

Esse é o julgamento pessoal, o inventário moral de alma evoluída que, ao final de suas existências, passa em revista toda a longa sequência de suas passagens através dos mundos. Com sua sensibilidade aguçada, sua experiência, sua sabedoria, sua razão dilatada, ela avalia de cima todas as coisas. Em suas lembranças, conforme a natureza delas, encontra razão de alegria ou sofrimento. Sua consciência apurada perscruta os menores refolhos de sua memória profunda. Como árbitro infalível, ele julga sem apelação, aprova ou condena, e às vezes, como reparação, sob inspiração divina, ela decide e se impõe os renascimentos nos mundos de matéria e de dor; é o que atesta a *Triade* 18: "Três calamidades primárias de *Abred*: a necessidade, o esquecimento, a morte".

* * *

Concluindo este capítulo, insistiremos ainda na importância do movimento espiritualista atual, que não é senão, em realidade, que o despertar das tradições de nossa raça celta.

Para tornar sua vida plena, completa, fecunda, toda pessoa deve compreender o seu sentido profundo e discernir a sua finalidade, pois, seja pela reflexão, seja por uma espécie de instinto, é a a noção que faz disso que domina sua existência, inspira seus atos, os dirige para objetivos baixos ou elevados.

Disso se conclui que essa noção essencial deveria ter lugar em toda a educação humana, mas nem a escola, nem a Igreja nos dão indicações claras e precisas sobre esse assunto capital. Daí, em grande parte, a perturbação moral e a confusão de ideias que reinam em nossa sociedade.

Se conhecêssemos todos o principio soberano que rege os seres e as coisas, a lei e a consequência dos nossos atos, sua repercussão sobre o nosso destino, se soubéssemos que colhemos sempre o que semeamos, as reformas sociais seriam mais fáceis e a face do mundo mudaria rapidamente. Porém a maior parte dos homens, absorvidos por trabalhos e preocupações materiais, privados do tempo necessário para cultivar a inteligência e o sentimento, atravessam a vida como dentro de um nevoeiro. A morte não passa, a seus olhos, de um espantalho cuja lembrança importuna eles descartam com temor. E quando chegam os dias de provações, se sopra a tempestade, ficam desamparados.

É o que acontece em nossa época. Para arrancar o homem das pesadas influências materiais que o oprimem, seriam precisos graves acontecimentos, crises dolorosas que, apontando-lhe o caráter precário e instável da vida terrestre, pudessem abater seu orgulho e obrigá-lo a fixar o olhar mais longe, a colocar suas metas mais alto. Seria um ganho para a humanidade se a época de provas que atravessa atualmente nossa civilização pudesse esclarecê-la sobre seus defeitos e vícios e ensiná-la a se curar deles.

Não é uma coincidência notável que, no momento em que as crenças religiosas se enfraquecem cada vez mais, em que o materialismo expõe a nossos olhos seus efeitos destruidores, uma revelação do Alto se espalhe pelo planeta através de milhares de vozes, trazendo uma doutrina, um ensinamento racional e consolador a todos os buscadores de boa vontade?

O Gênio Celta e o Mundo Invisível

O espiritismo é o maior e mais sério movimento que se produziu no pensamento desde a aparição do cristianismo. Ele não só nos traz, pelo conjunto dos fenômenos, a prova da sobrevivência, mas, do ponto de vista filosófico, suas consequências são igualmente vastas. Com ele, o horizonte se aclara, o objetivo da vida se define, amplia-se a concepção do universo e de suas leis, o pessimismo sombrio se dilui, dando lugar à confiança, à fé em destinos melhores.

O espiritismo, pois, pode revolucionar todos os domínios do pensamento e do conhecimento. Em vez dos espaços estreitos onde estavam confinados, ele lhes abre amplos caminhos para o desconhecido, o inexplorado. Pelo estudo do eu profundo do ser, esse mundo interno onde se acumulam tantas impressões e lembranças, o espiritismo cria uma psicologia nova, mais ampla e variada que a psicologia clássica.

Até agora, só conhecíamos a parte mais grosseira, a mais superficial, de nosso ser. O espiritismo no-lo mostra como um reservatório de forças ocultas, de faculdades potenciais que cada uma de nós é chamado a concretizar, a desenvolver através do tempo. Através dos métodos hipnóticos e magnéticos se tornará possível voltar às origens do ser, reconstituindo a sequência de suas existências e lembranças, a série de causas e efeitos que constituem a trama de nossa própria história. Saberemos que o ser cria ele próprio a sua personalidade, sua consciência, no curso de uma evolução que o leva de vida em vida para estados melhores. E com isso aumenta nossa liberdade, que se amplia com nossa elevação, e estabelece as causas determinantes de nosso destino feliz ou infeliz, de acordo com nossos méritos. Então não haverá mais esses debates estéreis a que assistimos há tanto tempo, que resultam da limitação de nossa visão e do campo por demais restrito de nossas observações nesta vida passageira e neste mundo insignificante, parcela ínfima do Grande Todo.

Em resumo, o ser humano nos aparece sob aspectos mais nobres e mais belos, trazendo em si o segredo de sua grandeza futura e de seu poder radioso. Com o cultivo desse conhecimento, virá o dia em que todo homem poderá ler claramente em si próprio a lei soberana de sua vida e de seu futuro. Daí irão decorrer vastas consequências sociais. A noção dos deveres e das responsabilidades se fará precisa. Em lugar das dúvidas, das incertezas e do pessimismo atual, a esperança resultará do conhecimento de nossa natureza imperecível e de nosso destino infinito.

Pode-se dizer, portanto, que a ação do espiritismo é dupla: no plano terrestre, tende a reunir e fundir numa síntese grandiosa todas as formas, até aqui diversas e muitas vezes contraditórias, do pensamento e da ciência. Num plano mais amplo, une o visível ao invisível, essas duas formas de vida que, em realidade, se penetram e se completam desde o início dos tempos. Nesse sentido, demonstra que nosso mundo e o Além não são separados, mas se encontram um dentro do outro, constituindo assim um todo harmônico.

Capítulo **3**

• A religião dos celtas, o culto, os sacrifícios, a ideia da morte

A obra dos druidas, que acabamos de traçar em grandes linhas, já demonstra toda a extensão de seu saber, de sua erudição. Mas não é apenas em sua doutrina que perpassa o sopro poderoso da inspiração: também sua religião, seu culto, revelam um sentido profundo do mundo invisível e da coisas divinas. Sob esse ponto de vista, é preciso refutar as críticas e equívocos sob os quais pretenderam submergir o druidismo. Como atestam historiadores tais como A. Thierry, Henri Martin, Jean Reinaud, toda a grandeza do espírito celta se mostra nessa obra. Na base da instituição druídica encontram-se estes dois princípios que resplandecem sobre a sociedade gaulesa e movimentam todas as suas engrenagens: a igualdade, o direito de eleição.

Qualquer gaulês poderia se tornar druida, o nascimento não dava nenhum direito a esse título – pois a antiga Gália não conheceu jamais o direito hereditário. Para adquiri-lo, para obter a iniciação, era preciso merecê-lo com o mérito pessoal e por lentos e pacientes estudos, pois os celtas colocavam a instrução no primeiro plano da sociedade, e isso bastaria para descartar a acusação de barbárie que se faz tão levianamente a nossos antepassados.

As informações que trazemos sobre a organização do druidismo provêm em grande parte de autores latinos e gregos, em número de dezoito, incluindo filósofos, historiadores, geógrafos e poetas.

Além de César, que já mencionamos, citemos Aristóteles e Cétion, Diógenes Laércio, Posidônio, Cícero, pelo ano de 44,[1] Diadoro da Sicília (ano 30), Timógenes, pelo ano 14, *em Histoire de la Gaule*, de que Ammien Marcellin nos legou um extrato; Estrabão, 20 anos após Jesus Cristo; Pompônio Mela, 20 anos mais tarde; Lucano entre 60 e 64; Plínio, o naturalista, pelo ano 77; Tácito, em 95; Suetônio, fim do primeiro século; Dion Crisóstomo, no início do segundo. Complementaremos com as indicações de nossos guias espirituais que viveram na época dos celtas.

O chefe dos druidas era eleito por toda a corporação e investido de um poder absoluto. Era ele que resolvia as diferenças entre as tribos turbulentas, agitadas, muitas vezes prestes a recorrer às armas. Acima das rivalidades dos clãs, essa instituição representava a verdadeira unidade da Gália. Toda a elite juvenil da nação se reunia em torno desses filósofos, ávida de receber seus ensinamentos, que se davam longe das cidades, no seio de lugares sagrados.

Os druidas não apenas distribuíam a justiça nas tribos, mas também julgavam as causas graves numa assembleia solene que se reunia todos os anos na região de Chartres. Essa assembleia tinha ao mesmo tempo um caráter político. Cada república gaulesa enviava seus delegados para ela.

O espírito religioso dos celtas havia estabelecido três formas superpostas de crenças e de culto, em função do grau de aptidão e compreensão dos gauleses. Em primeiro lugar o culto dos espíritos dos mortos, ao alcance de todos e que todos praticavam, pois os videntes e médiuns eram numerosos por essa época. Depois, o culto popular dos semideuses ou Espíritos protetores das tribos, símbolos das forças da natureza e das faculdades do espírito; esse culto era sobretudo local. E por fim, o culto do espírito divino, fonte e criador da vida universal, que domina e rege todas as coisas, e cujas obras são o principal objeto dos estudos e pesquisas dos druidas e dos iniciados.

Na realidade, o politeísmo gaulês, que se critica como uma idolatria, era apenas a representação de espíritos tutelares, guias, protetores de famílias e de nações, e cuja existência e

---

1 Em seus escritos, Cícero louva o profundo saber de Divitiac, o único druida que foi a Roma.

O Gênio Celta e o Mundo Invisível

intervenção nas horas necessárias podemos hoje constatar pelos fatos. Acontecia o mesmo em todas as religiões antigas e nas crenças dos povos que colocavam ao nível dos deuses os espíritos daqueles que tinham se distinguido por seus méritos e virtudes. A massa tem necessidade de acreditar em intermediários entre ela e o Deus infinito e eterno, que acredita muito distante, enquanto estamos todos mergulhados nele, segundo a palavra de São Paulo. Em todos os lugares, incontáveis seres simbólicos criados pela imaginação dos primeiros homens constituem, sob formas materiais graciosas ou terríveis, a expressão viva de seus temores e esperanças.

Os druidas, como dissemos, ensinavam a unidade de Deus. Os romanos, deturpados nesses assuntos, confundiam os personagens secundários do céu gaulês, as personificações simbólicas dos poderes naturais e morais, com seus próprios deuses. O panteão gaulês tem mais viço e beleza que os deuses envelhecidos do Olimpo. O Teutates gaulês era apenas uma representação das forças superiores. Gwyon, a da ciência e das artes; Esus, o símbolo da vida e da luz. Outros, como Hu-Kaddarn, chefe da grande migração Kymris, eram apenas herois glorificados. Mas nesse panteão não se encontravam deuses do mal, ídolos como do Egito e Roma. Não se via deuses infames, Jupiter adúltero, Vênus impudica, Mercúrio corrompido. Não se encontrava o cortejo torpe dos Bacos, dos Príapos, ou seja, dos vícios endeusados. Só se encontrava o saber, a virtude, a justiça. E no alto, acima dessas forças intelectuais e morais, brilhava o ponto de onde todas emanavam, o poder infinito e misterioso que os druidas adoravam junto dos monumentos de granito na solidão das florestas. Diziam que o regente do imenso universo não poderia ser fechado entre as muralhas de um templo, que o único culto digno dele deveria se realizar nos santuários da natureza, sob as abóbadas sombrias dos grandes carvalhos, à beira dos vastos oceanos. Diziam que Deus era grande demais para ser representado por imagens, sob formas criadas pela mão do homem. É por isso que só lhe consagravam monumentos de pedra bruta, dizendo que toda pedra talhada era uma pedra maculada.

Assim, todos os símbolos religiosos dos druidas eram da natureza virgem, livre. O carvalho era a árvore sagrada; seu tronco colossal, sua ramagem poderosa faziam dele o símbolo da força e da vida. O visco, que se colhia dele com cerimônia, o visco sempre verde, mesmo quando a natureza dorme, quando a vegetação parece morta, era a seus olhos o símbolo da imortalidade e ao mesmo tempo um princípio renovador e curativo. Esses ritos do druidismo, esse culto sóbrio e elevado, não tinham algo de imponente? As altas florestas de carvalhos, o visco renascendo sobre os troncos carcomidos, as grandes rochas erguidas à beira do oceano, eram outros tantos símbolos da eternidade dos tempos e do infinito dos espaços.

O catolicismo parece que adotou do culto druídico o que ele tinha de mais nobre e belo. Os pilares e naves das catedrais góticas são a imitação dos troncos erguidos e dos ramos dos gigantes da floresta; o órgão, com seus sons, lembra o som do vento da folhagem; o incenso é a névoa que se ergue das planícies e dos bosques aos primeiros raios do sol.

O druidismo era o culto do imutável, do que permanece; em resumo, o culto da natureza infinita, essa natureza fecunda em cujo seio qualquer espírito se refaz, se fortalece, encontra forças renovadas.

Para nós, como para nossos ancestrais, os espetáculos que ela oferece são fontes de meditações salutares, de ensinamentos com os quais se revela o Deus imenso, eterno, que os celtas adoravam, alma do mundo. Eu consciente do Universo, ponto supremo para o qual convergem todas as relações e de onde emanam, através dos espaços ilimitados e dos tempos sem fim todas as forças morais: o amor, a justiça, a verdade, a infinita bondade!

* * *

Contudo, uma sombra se estende sobre o druidismo. A história nos diz que sacrifícios humanos se realizavam sob os grandes carvalhos, o sangue corria sobre os altares de pedra. Talvez esteja aí o erro capital, o lado imperfeito desse culto, tão elevado sob outros pontos de vista. Entretanto, não esqueçamos que todas as religiões, em sua origem, todos os cultos primitivos mergulhavam no sangue.

O Gênio Celta e o Mundo Invisível

Ainda hoje, a cada manhã e em todos os lugares do mundo católico, o sangue do Cristo não jorra sobre o altar ao comando do padre? De fato, aos olhos dos crentes, não é uma simples imagem, é o corpo mesmo e o sangue do grande crucificado que lhe são oferecidos. O dogma de sua presença real é absoluto para eles. Se qualquer dúvida subsistir em alguns espíritos, reflitamos nestas palavras de Bossuet:

> Por que os cristãos não sentem mais o santo temor que sentíamos antes à vista do sacrifício? Teria ele deixado de ser terrível? O sangue de nossa vítima não corre mais, tão real como no Calvário?[2]

Além do sacrifício sangrento da missa, é preciso lembrar também dos suplícios e das fogueiras da Inquisição; todas essas imolações não constituem apenas atentados à vida, mas também ultrajes à consciência?

Esses sacrifícios não são mais odiosos que os dos druidas, onde só figuravam os criminosos e as vítimas voluntárias? É preciso lembrar que os druidas eram ao mesmo tempo magistrados e justiçadores. Os condenados à morte, os assassinos eram oferecidos em holocausto Àquele que era para eles a fonte da justiça.

Era um ato sagrado e, para o tornar mais solene, para permitir ao condenado se interiorizar e preparar-se pelo arrependimento, deixavam sempre um intervalo de cinco anos entre a sentença e a execução. Essas cerimônias expiatórias não eram mais dignas que as execuções de hoje, onde se vê um povo que se pretende civilizado passar as noites ao redor dos cadafalsos, trazido pela atração de um espetáculo hediondo e de impressões malsãs?

Os sacrifícios voluntários entre os gauleses tinham também um caráter religioso. Suas crenças profundas na imortalidade os tornavam fáceis para nossos antepassados. A pessoa se oferecia como uma hóstia viva para a família, para o país, para a salvação de todos. Mas todos esses sacrifícios tinham caído em desuso e eram bem raros à época de Vercingetorix. Limitavam-se, em lugar da morte, a tirar algumas gotas de sangue dos fiéis

2 Citado por J.Reynaud, *L'Esprit de La Gaule*, p. 50.

estendidos sobre a pedra dos dolmens.

* * *

Uma das características da filosofia celta era o desconhecimento da morte. Sob esse aspecto, a Gália era objeto de espanto para os povos pagãos, os quais não tinham no mesmo grau o conhecimento da imortalidade. Nossos antepassados, não temendo a morte, certos de reviver além do túmulo, eram livres de qualquer receio. Em nenhuma crença se encontra um sentimento tão intenso do invisível e da solidariedade que une o mundos dos vivos e o dos espíritos. Todos os que deixavam o mundo levavam mensagens destinadas aos mortos. Diodoro da Sicília nos deixou esse registro precioso: "Nos funerais, eles depositavam cartas escritas para os mortos por seus parentes para que lhes fossem entregues". A comunicação entre os dois mundos era algo corrente. Pompônio Mela, Valério Máximo e todos os autores latinos que citamos dizem que entre os gauleses "emprestavam dinheiro para ser pago no outro mundo".

Se, a exemplo de nossos antepassados, considerássemos a morte como um véu, uma simples cortina que desce sobre a estrada que percorremos, véu que tem grande efeito para nosso olhar que é interrompido, mas que não consegue interromper nossa marcha, que continua sempre, se compreendêssemos que se trata apenas de abandonar nosso corpo gasto para nos rever em nosso envoltório fluídico permanente, essa morte, tão temida por aqueles que nela enxergam o nada, não teria mais nada de atemorizante para nós.

Os druidas, como dissemos, tinham um conhecimento extenso sobre a pluralidade dos mundos. Sua fé na imortalidade lhe mostrava as almas, livres dos laços terrenos, percorrendo os espaços, reencontrando os amigos, os parentes que partiam antes, visitando com eles os arquipélagos estelares, as inumeráveis esferas onde desabrocham a vida, a luz e a felicidade.

Que espetáculos, que maravilhas se oferecem à visão nesses mundos longínquos, que variedade de sensações a recolher nesses universos! E essas almas continuam a viagem na imensidão,

O Gênio Celta e o Mundo Invisível

até que, submetidas à lei eterna, retomando novos corpos, se fixem em um desses mundos para colaborar com seu trabalho para seu progresso, sua evolução. Em face desses horizontes imensos, como fica apequenada nossa Terra; e pode-se temer a morte diante de tais perspectivas?

Os gauleses, portanto, não conheciam infernos sinistros nem paraísos de imobilidade. As vidas no Além eram, para eles, cheias de atividade, fecundadas por um trabalho constante, vidas onde a personalidade e a liberdade do ser se desenvolviam e aperfeiçoavam sem cessar.

É o que diz Lucano aos druidas, no primeiro canto da Farsalia: "Para vós as sombras[3] não mergulham nos sombrios reinos de Plutão, mas a alma voa para animar outros corpos em novos mundos. A morte é apenas o meio de uma longa vida. Felizes os povos que não conhecem o temor da morte. Daí vem seu heroísmo em meio aos conflitos sangrentos, e seu desprezo da morte".

Horácio definia a Gália nestes termos: "A terra onde não se sente o terror da morte".

Não há um contraste gritante entre essa crença robusta e animadora e a ideia da eternidade dos suplícios, ou aquela, não menos arrasadora, do aniquilamento total? A fé na sobrevivência era a essência mesmo do druidismo, e dessa visão decorria uma ordem social e política apoiada sobre os princípios de igualdade, de liberdade moral.

Essa mesma fé inspirava também as práticas e cerimônias funerárias, bastante diferentes das nossas. Nós, modernos, temos uma complacência infinita por nosso corpo; os gauleses consideravam os cadáveres como instrumentos quebrados, e apressavam-se a fazê-los desaparecer. Com frequência cremavam os corpos, recolhendo as cinzas em urnas. Nós levamos nossa credulidade ao ponto de acreditar, com o catolicismo, que nossas alma fica ligada a esses despojos e que um dia ressuscitará com eles!

Mas o tempo se ri de nossa cegueira; quer nossos restos sejam sepultados sob o mármore ou sob a pedra, chega sempre o momento em que, poeira que são, retornam ao pó, da qual a grande lei de circulação dispersa os átomos.

---

3 As almas dos mortos. (N.T.)

Numa época próxima, mais esclarecidos a respeito de nosso destino, não suportaremos mais esse aparato e esses cantos lúgubres, todas essas manifestações de um culto que reflete tão pouco a realidade das coisas.

Imbuídos, como nossos ancestrais, da ideia de que nossa vida é infinita, que ela se renova sem cessar em planos diversos, veremos na morte apenas uma transformação necessária, uma das fases da existência progressiva.

É dos gauleses que nos veio a comemoração dos mortos, essa festa que caracteriza nosso povo. Apenas, em lugar de comemorá-la como nós nos cemitérios, entre os túmulos, era em seus lares que recordavam as lembranças dos amigos distanciados, mas não perdidos, que evocavam a memória dos espíritos amados que, por vezes, até se manifestavam pelo intermédio das druidesas e dos bardos inspirados.

Henri Martin, em sua *Histoire de France*, tomo 1, p. 71, assim se expressou:

> Tudo que diz respeito à doutrina da morte e do renascimento periódico do mundo e de todos os seres parece estar concentrado na crença e nos ritos do primeiro de novembro.
>
> Noite cheia de mistérios que o druidismo legou ao cristianismo e que o toque de finados ainda hoje anuncia aos povos católicos, esquecidos das origens dessa antiga comemoração. Cada uma das grandes regiões do mundo galo-kimrico possuia um centro sagrado ao qual se reportavam todas as partes do território confederado. Nesse centro ardia um fogo perpétuo, que era chamado de *pai fogo*. Na noite de 1º de novembro, segundo as tradições irlandesas, os druidas se reuniam em torno do *pai fogo*, guardado por um sumo-sacerdote, e o extinguiam. A esse sinal, um após outro os fogos se extinguiam; reinava por toda parte um silêncio de morte, a natureza inteira parecia mergulhada na noite primeva. De súbito, o fogo se erguia novamente sobre a montanha sagrada e exclamações de alegria brotavam por toda parte. A chama retirada do *pai fogo* corria de lugar em lugar, de um extremo a outro, e redespertava a vida por toda parte.

O Gênio Celta e o Mundo Invisível

* * *

Ao culto dos mortos entre os celtas se liga Carnac, com seus monumentos megalíticos. Todos os celtistas conhecem essa imensa necrópole que se estende por muitas léguas de comprimento, de Lockmariaker até Erdeven. Os alinhamentos de menhirs, hoje parcialmente destruídos, contavam ainda na Idade Média com milhares de pedras erguidas. Deve-se enxergar nessas longas fileiras sombrias outros tantos monumentos funerários? Tem havido dúvidas, porque nas escavações feitas ao pé dos menhirs foram encontrados raros fósseis humanos. O espírito de Allan Kardec nos garante que escavando mais profundamente haveríamos de encontrar muitas ossadas mais. As grutas sepulcrais de Lockmariaker, os dolmens de Erveden e outros lugares, não deixam qualquer dúvida sobre a destinação desse vasto campo fúnebre. Os menhirs eram tumbas de chefes políticos ou religiosos, enquanto as grutas e os dolmens recebiam os restos de personagens menos elevados na ordem social.

Em sua *Histoire de la Gaule*, Camille Jullian escreve que cortejos fúnebres se dirigiam para esse região vindos de todos os pontos da Gália.

Qual era então a ideia básica que reunia todos esses mortos na extremidade do continente? Muitos autores buscaram encontrá-la sem conseguir. A explicação, entretanto, parece ser a seguinte:

Diante dos horizontes infinitos do mar e do céu, acreditava-se então que era mais fácil a partida das almas para esses mundos que brilham no alto, no seio da noite, ou então os que se esfumam ao largo, ao entardecer, nas brumas do crepúsculo; essas praias varridas pelas ondas, essas fronteiras de um vasto desconhecido, tinham para nossos antepassados um caráter misterioso e sagrado.

Camille Jullian e outros historiadores atribuem a ereção desses monumentos megalíticos a povos anteriores aos celtas, sobretudo aos lígures, povo meridional de cabelos escuros e baixa estatura. Ora, esses autores esquecem que esses monumentos se erguem em toda a parte ocidental da Europa, até as ilhas Órcades e Shetland, situadas no extremo norte da Escócia, nas brumas do Mar do Norte. Somam 145 em todo o arquipélago. O grupo de Stonehenge compreende 144 pedras erguidas formando um conjunto que parece ser o pendente dos alinhamentos de Carnac. Pode-se mencionar também a "tumba de Taliésin", situada na base do maciço do Plynlimmou, envolta por dois círculos de pedras. E o grande dolmen da península de Gower, no País de Gales. Na entrada da Clyde todos os picos são coroados por megalitos. Citemos ainda os da Escócia chamados de "Casa dos Pictos".[4] E na Irlanda, em Donegal, 67 pedras erguidas formam um grupo comparável ao de Stonehenge.

Nessas sepulturas, dolmens, grutas funerárias e túmulos de várias dimensões, se encontram objetos diversos misturados a restos humanos calcinados ou esqueletos inteiros. São pedras de sílex brutas ou polidas, urnas, armas, até foices de ouro que serviam para o culto. Esses objetos pertencem a todas as épocas, desde os tempos mais recuados: paleolíticos, neolíticos, Idades do Bronze e do Ferro. Deve-se atribuir esses vestígios antes ao celtas que aos lígures ou pelágios, povos pouco conhecidos, dos quais se desconhece a língua e mesmo a localização exata. Acreditar que esses monumentos são obras suas seria pretender que os gauleses, tão habilidosos e engenhosos para outras coisas, não tenham deixado nenhum vestígio no território que habitaram durante séculos.

Os megalitos não consistem apenas de sepulturas, mas também de monumentos consagrados ao culto. Os mais importantes são os *cromlechs* ou círculos de pedra em cujo centro se elevava geralmente um grande menhir. Alguns são duplos ou triplos, representando então os três planos da vida universal, de acordo com as *Triades*. Nesses círculos se praticava rituais divinos e se evocava a alma dos mortos.

Entre essas pedras, algumas exerciam o mesmo papel que as mesas girantes de hoje, e respondiam, com seus movimentos, às perguntas dos assistentes. Assim, o *Manuel pour servir à l'étude de l'antiquité celtique,* página 253, menciona a pedra falante *cloch labhrais,* que dava respostas como a *lech lavar* dos gauleses.

---

4 Povo ancestral que habitou a Escócia. (N.T.)

O Gênio Celta e o Mundo Invisível   129

Acrescentemos, para constar, que os autores antigos atribuíam aos druidas um poder mágico hoje inteiramente perdido, do qual encontramos apenas vestígios nas práticas do hipnotismo, do magnetismo e do faquirismo. Plínio chamava os druidas de *Magi*, denominação que lhes é dada com frequência nos textos latinos e irlandeses, diz Dom Gougaud, beneditino inglês, em seu livro *Les Chretientés Celtiques*.[5] Conforme esse autor, os druidas possuíam os seguintes poderes: "condensação do nevoeiro, precipitações atmosféricas, tempestades no mar e na terra, etc". Acrescenta que "o druida Fraechan Mac Tenuisain protegeu o exército do rei da Irlanda, Diarmait Mac Cerbailt, contra o inimigo, com uma barreira mágica (airbe druad) que traçou diante dele. Todos os que cruzassem essa muralha fluídica eram mortos". Todos os velhos textos irlandeses são repletos de fatos semelhantes.

Quase sempre, os círculos de pedras de que acabamos de falar eram colocados nas clareiras das florestas, pois, em matéria religiosa, a floresta tem sempre, para os celtas, um valor augusto e sagrado.

À época druídica, a natureza ainda não estava modificada pela influência nociva da corrente destruidora das paixões. Era como grande médium, intermediária poderosa entre o céu e a terra. Os druidas, sob a abóbada as árvores seculares, cujos cimos eram antenas que atraiam as irradiações do Espaço, recebiam mais facilmente as intuições, as inspirações, os ensinamentos do Alto. Ainda hoje, apesar de tanta devastação sofrida, a floresta ainda não nos produz uma sensação salutar e reconfortante por seus eflúvios, uma espécie de expansão da alma? Pelo menos, é o que experimentei eu próprio muitas vezes.

Algumas pessoas sem faculdades medianímicas perguntam-me à vezes como fazer para entrar em contato com o invisível. A isso eu respondo: "Distanciam-se do ruído das cidades, penetrem na floresta; é na solidão dos grandes bosques que se avalia melhor a vaidade das coisas humanas e a loucura das paixões. Nessas horas de recolhimento, parece que um diálogo interior se estabelece entre a alma humana e as potências do além. Todas as vozes da natureza se unem; todos os murmúrios

---

5 Gabalda Ed., Paris.

que a terra e o espaço sussurram ao ouvido atento, tudo nos fala das coisas divinas, nos transmite conselhos sábios e nos aponta o dever. É o que dizia Joana d'Arc a seus inquisidores de Rouen, que perguntavam se ela ainda ouvia as vozes: "O ruído das prisões me impede de ouvi-las, mas se me levassem a alguma floresta, eu as ouviria bem".

É o mesmo que acontece com o conhecimento dos astros; é uma fonte incomparável de elevação, pois nos revela o gênio do Criador. Dentro dos círculos sagrados, os druidas se dedicavam a observações atentas, e para isso tinham recursos que despertavam a admiração dos antigos.

É verdade que o desfile imponente dos astros nas noites claras de inverno é um dos espetáculos mais impressionantes de que a alma pode desfrutar. Uma paz serena desce dos espaços, sentimo-nos como num templo imenso, o pensamento se eleva então num impulso mais rápido a essas regiões superiores, interroga esses milhares de mundos, e parece que suas irradiações sutis respondem a seu apelo. A aplicação das forças radiantes para usos materiais nos leva a crer que uma transmissão, mesmo física, não é impossível através dos abismos do espaço.

Os caminhos do destino que se abrem para nós nos ligam estreitamente a esse esplêndido Universo do qual, como espíritos, somos um elemento imortal; seu futuro é o nosso, seguiremos com ele e nele nossa evolução, e participaremos de sua obra e de sua vida sempre numa proporção maior.

O Gênio Celta e o Mundo Invisível

Capítulo 4

- Considerações políticas e sociais • Papel da mulher • A influência celta • As artes • Liberdade e livre-arbítrio

No início desta obra, esboçamos em grandes linhas a organização social da Gália. Apontamos os abusos da aristocracia, a divisão dos chefes, a rivalidade das tribos, as diversas causas que causaram a perda da independência.

Os druidas, que, como vimos, viviam longe das cidades ruidosas, nos santuários da natureza, tinham, por isso, mais facilidade de entrar em contato com o mundo oculto e de receber suas inspirações. É o que os fazia afirmar que não são as coisas visíveis que nos dirigem, mas as invisíveis. Mas por isso, por buscarem antes a estas, eles às vezes se distanciavam do mundo real e das contingências humanas. Sua influência nem sempre bastava para conter o arrebatamento das paixões naquela raça gaulesa jovem, ardente, sem experiência, levada pelo excesso de vitalidade.

A liberdade e o direito eleitoral eram as bases da ordem social, porém os chefes eleitos se cercavam de um círculo de homens de armas, cavaleiros, escudeiros, que se ligavam à sua sorte e, se fossem mortos, morreriam com eles. Graças a essas forças, a aristocracia tinha uma autoridade que às vezes degenerava em opressão sobre as classes populares. Vimos acima como a discórdia e a indisciplina causaram a queda da Gália, e não o repetiremos. Resta-nos falar da mulher e de seu papel social, que era grande.

Ela era honrada, respeitada, entre os gauleses; considerada como igual ao homem, ela podia escolher o marido e possuía a metade dos bens de ambos. A educação das crianças lhe era confiada, até que tivessem idade de ter armas. Às vezes, tendo funções oficiais, exercia tarefas diplomáticas e conseguia resolver problemas complicados e conflitos graves, como a história nos relata. Sua castidade igualava sua coragem; sabe-se que as mulheres gaulesas não hesitaram para entregar-se à morte, após a derrota dos Kimris em Pourrières, afim de não cair nas mãos dos soldados de Marius e serem vítimas de sua devassidão. Mas o que nos dá a medida do respeito que cercava a mulher na Gália é o lugar que ocupava no sacerdócio. As druidesas exerciam os oráculos e presidiam às cerimônias de culto. Enquanto uma certa religião, com o dogma do pecado original, deixou a mulher sem instrução durante séculos, fazendo-a responsável pela queda do gênero humano, os druidas reconheciam nela os dons divinatórios e a faziam intérprete natural do mundo dos Espíritos.[1]

As ilhas do oceano eram santuários onde se praticava a evocação dos mortos. Foram precisos longos séculos para reabilitar a mulher e lhe conceder seu papel predestinado; Joana d'Arc e tantas outras ilustres inspiradas tiveram que ir para a fogueira por terem recebido os dons do céu. Coube ao espiritualismo moderno reconhecer as faculdades psíquicas da mulher e – apesar de alguns abusos próprios das coisas humanas – a missão que ela pode desempenhar no campo experimental e nas revelações do mundo invisível.

* * *

Seria pueril atribuir à influência celta os limites dos territórios habitados pelos homens desse povo. A questão das fronteiras não cabe aqui, pois tratamos da irradiação de um grande pensamento através do mundo, sob formas diversas, de uma colaboração eficaz para a obra geral da civilização e do progresso.

É um doutrina poderosa, capaz de transformar toda a filosofia, resolvendo os problemas difíceis da vida e da morte, descortinando para a alma a perspectiva de um futuro sem limites. Mas o talento celta se manifesta também sob as formas

---

1 Ver a respeito os testemunhos de Tácito, Diodoro da Sicília, Pompônio Mela, Estrabão, Aristóteles, etc, citados por Jean Reynaud em *L'Esprit de La Gaule.*

O Gênio Celta e o Mundo Invisível

da arte, sobretudo na poesia e na música. Neste último domínio, os estrangeiros, e sobretudo os alemães, lhe tomaram vários empréstimos, como indicou Le Goffic. A música gaulesa exprime um sentimento profundo da natureza. É marcada por uma melancolia penetrante que lhe dá uma originalidade e um sabor peculiar. Quanto à poesia, basta consultar a extensa obra de H. de La Villemarqué para nos darmos conta de sua riqueza e variedade. Neste momento, se expande do outro lado da Mancha um florescimento da arte celta que tem repercussões no continente.

Na poesia, os gauleses parecem ter sido os inventores da rima, se nos basearmos nos testemunhos dos irlandeses. Seus cantos de guerra e de amor têm uma grandeza vigorosa.

Bosc e Bonnemère, em sua *Histoire des Gaulois,* citam as obras teatrais e líricas que se deve atribuir a eles. Sua cerâmica, suas armas e jóias são uma arte real. Tivemos provas disso nas escavações e pesquisas feitas nos dolmens e túmulos, que revelaram grande numero de objetos com um trabalho delicado.

Se quisermos estabelecer a contribuição celta para a Inglaterra, nos domínios do pensamento como no da ação, ficaremos surpresos com a importância desse legado. Entre os ingleses célebres, muitos tiveram essa origem. Afirma-se que seu maior gênio, Shakespeare, foi fortemente influenciado pelo celtismo, tendo nascido e vivido por longo tempo em Stratfford-on-Avon, ou seja, nos confins de Cambria (País de Gales).

Se, apesar de todas as opressões e perseguições sofridas, o gênio celta pôde desabrochar em tantas obras fortes ou graciosas, o que não se poderá esperar dele quando, ao recobrar sua independência plena, puder dar plena expansão a suas esperanças e sonhos?

A maior glória do celtismo será, depois de ter mantido silenciosamente, durante séculos, o contato com o mundo invisível, revelar a nossas sociedades decadentes a existência dessa imensa fonte de força e de vida que nos cerca e os meios de acessá-lo com sabedoria e equilíbrio. Pois é somente com a associação dos recursos e poderes dos dois mundos, o visível e o invisível, que irá se iniciar um nova era e que uma civilização mais alta e mais bela irá brilhar para a humanidade!

* * *

Nossos antepassados, como dissemos, fizeram do princípio da liberdade a base de suas instituições sociais e, ao mesmo tempo, o ápice de sua filosofia, pois a liberdade social traz logicamente a liberdade moral, a da alma sobre a terra e no Espaço. Aqui se coloca a questão, tão controvertida, da liberdade e do livre-arbítrio, duas palavras para uma mesma ideia, pois o livre-arbítrio é apenas a aplicação individual do princípio da liberdade.

Liberdade é a condição essencial do desenvolvimento, do progresso, da evolução do homem. A lei da evolução, deixando-nos o encargo de construirmos nós mesmos, através dos tempos, nossa personalidade, nossa consciência e em decorrência nosso destino, deve conceder-nos os meios para isso, garantindo o exercício de nossa livre escolha entre o bem e o mal, pois os méritos adquiridos são o preço de nossa elevação.

O mesmo ocorre com a consequência dos nossos atos, da relação de causas e efeitos que recaem sobre nós. Daí nossa responsabilidade, inseparável de nosso livre-arbítrio, sem o qual a criatura não seria mais que um joguete, uma espécie de marionete nas mãos de um poder exterior, por conseguinte um ser desprovido de originalidade e sem grandeza.

Em face da imensa trajetória que a alma deve percorrer através do tempo e do espaço, ela deve dispor do livre exercício de suas faculdades, o total emprego das energias que Deus nela colocou, com os meios de as desenvolver. Que confiança teríamos no futuro, se nos sentíssemos os joguetes cegos de uma força desconhecida, sem vontade, sem alcance moral?

Eis porque os druidas sustentavam o principio da liberdade desde a primeira *Triade* e, mais explicitamente, nas *Triades* 22, 23 e 24:

> Três coisas originais criadas ao mesmo tempo: o homem, a liberdade, a luz.
> Três necessidades do homem: sofrer, se transformar (progredir), escolher.
> Três alternativas do homem: *Abred* e *Gwynfyd,* necessidade e liberdade, mal e bem, todas as coisas estando

em equilíbrio e tendo o homem o poder de optar por um ou outro segundo a sua vontade.

Irão objetar, sem dúvida, que há uma diversidade entre os seres humanos, das faculdades, da vontade, dos caracteres, da força moral de uns e da fraqueza de outros. Diante de um ato desonesto mas vantajoso, ou então da força das paixões, um homem se deixará levar enquanto outro ficará firme, inabalável. Como medir a proporção de liberdade atribuída a cada um, como conciliar o problema do livre-arbítrio com as teorias do determinismo?

Nesse assunto, como em tudo que diz respeito à natureza íntima dos seres, é preciso elevar-se acima dos horizontes estreitos da vida presente e considerar as vastas perspectivas da evolução da alma. É o que os druidas souberam fazer com sua doutrina e o que repetem, a exemplo deles, os espiritualistas modernos, ao menos os da escola de Allan Kardec.

O círculo estreito do conhecimento, a exiguidade de nosso campo de observação, a ignorância geral sobre nossas origens e fins, são obstáculos para a solução dos grandes problemas. É preciso, para resolvê-los, elevar-se bem alto pelo pensamento e considerar o conjunto das existências da alma, sua lenta ascensão através dos séculos; então, tudo que parecia confuso, obscuro, inexplicável, se esclarece, se organiza.

Compreenderemos como nossa personalidade cresce pouco a pouco pelas relações sucessivas de nossas vidas, como a experiência e o arbítrio se desenvolvem, e como nossa liberdade se reafirma cada vez mais à medida que nossa evolução se acentua e que participamos mais intimamente da comunhão universal.

No inicio de sua imensa trajetória, o ser ignorante, inexperiente, fica submetido inteiramente às leis universais, que submetem e limitam sua ação. É o período primitivo. Porém, à medida que se eleva na escala dos mundos, seu livre-arbítrio assume uma dimensão sempre maior, até que, ao atingir as alturas celestes, seu pensamento, sua vontade, suas vibrações se encontram em perfeita harmonia, ou seja, o que se chama de sincronismo com o pensamento e a vontade divinos; seu livre-arbítrio é definitivo, pois não pode mais errar.

Aos que exigem axiomas ou fórmulas científicas, poderemos dizer: o livre-arbítrio, para cada um de nós, está em relação direta com a perfeição adquirida, e o determinismo na razão inversa da evolução. Contrapõe-se a isso a previsão do futuro por algumas pessoas. Mergulhando nas causas do passado, é possível deduzir o futuro e predizer os acontecimentos, na medida em que eles são a resultante lógica dos atos livremente realizados, com o conjunto dos fatos anteriores se desenrolando através dos tempos com sua lógica implacável. Ora, a reconstituição do passado pode ser obtida nos fenômenos de exteriorização[2] assim como pelas revelações dos espíritos suficientemente evoluídos para encontrar, na memória inconsciente dos *sujets*, a sucessão de suas vidas anteriores.

É assim que o espiritualismo experimental nos demonstra, através de fatos, a existência do livre-arbítrio e a prova de que, neste ponto como em tantos outros, nossos antepassados não se enganavam.

É preciso reconhecer, entretanto, que, por nosso planeta ocupar um grau pouco elevado na escala evolutiva, o ser humano, embora gozando de um tanto de liberdade suficiente para conferir-lhe a responsabilidade de seus atos, não poderia possuir aqui um livre-arbítrio absoluto.

É o que os druidas definiam nestes termos desde a primeira *Triade*, entre as três unidades iniciais: "Um ponto de liberdade onde se equilibram todos os opostos".

Esse preceito exprime a ação das leis universais que dominam e restringem nossas ações. Nenhum ser está entregue a si mesmo, e a ação da providência o influencia de duas maneiras. Pela consciência: ela nos transmite as inspirações e intuições necessárias, tanto mais claras e precisas quanto mais aptos sejamos a recebê-las, pelo teor de nosso pensamento e de nossa vida. E depois, pela ação dos invisíveis, que se faz em nós tão intensa, às vezes, que já foi dito que são os mortos que governam os vivos.

Cada um de nós pertence a um grupo espiritual, a uma família de almas cujos membros são solidários e evoluem em

---

2 Ver minha obra *O Problema do Ser e do Destino*, cap. XIV.

O Gênio Celta e o Mundo Invisível   137

comum. Todos esses Espíritos, encarnados ou desencarnados, representam uns para os outros, alternadamente, o papel de protetores ou de protegidos. Os que permaneceram no Espaço auxiliam, inspiram, sustentam os que vivem e sofrem sobre a terra. Se os homens soubessem que assistência têm do Alto, e que carinhosa solicitude os envolve, teriam mais certeza e confiança na lei suprema de justiça e harmonia que rege os seres e os mundos. Prestariam mais atenção às sugestões benfeitoras que lhes chegam, em vez de ficarem insensíveis e indiferentes em função de uma liberdade mal empregada. Essas sugestões são tais que já se afirmou que no fundo de nossa consciência acessamos as coisas divinas.

Cada grupo de almas é dirigido, inspirado por um ou diversos espíritos elevados que, por seus méritos, atingiram as alturas celestes, o plano de *Gwynfyd*, de onde a irradiação de sua sabedoria e experiência se estende, através das distâncias, aos membros de sua família ainda retardados sobre os mundos de matéria.

Já descrevemos alhures, segundo os ensinamentos de nossos guias, as condições da vida celeste, as grandes tarefas, as nobres missões que ela inclui, a expansão gradual das percepções e sensações, a participação sempre maior na obra eterna de poder e beleza que é o Universo, e as venturas obtidas ao preço de numerosas existências de trabalho, estudo e provas.

Deus, dizem as *Triades*, atribui a cada nova alma o *Awen*, aptidão que ela é chamada a desenvolver no decorrer do tempo, de forma a fazer dessa centelha inicial um foco radioso que dote o espírito de uma luz imperecível.

Terceira parte
O mundo invisível

Capítulo 1

• A experimentação espírita

Vimos que os druidas só concediam a iniciação a estudantes escolhidos, submetidos a um longo treinamento intelectual e moral. Esses estudos poderiam abarcar vários anos, a crer-se nas informações de autores antigos que diziam que incluíam o aprendizado de 20.000 versos. De fato, o verso, por seu ritmo, se fixa mais facilmente na memória; escapa das alterações e deformações melhor que a prosa, e conserva por mais tempo seu sentido exato, sua originalidade inicial.

Portanto, era só depois de uma longa e paciente preparação que os discípulos eram admitidos a participar dos ritos secretos, que não eram, no fundo, mais que a comunicação com os Espíritos superiores e a prática de seus ensinamentos. Estes eram transmitidos ao povo sob uma forma mais concreta e às vezes com imagens, sempre aceitas com respeito, pois o druida era objeto de uma grande veneração.

Hoje tudo é diferente; os recém chegados, sem preparação, sem estudos, sem precauções, pensam que podem entrar e se comunicar com os seres invisíveis que os cercam. Não receiam aventurar-se sem guia e sem bússola nesse oceano de forças e de vida que nos envolve. Desconhecem totalmente que uma multidão de espíritos inferiores paira no ambiente terrestre, ao qual se acham ligados pelos fluidos materiais. São eles que atendem com mais frequência aos chamados dos humanos com objetivo de divertir-se, e então pouco se pode esperar desse meio onde reinam as mais diversas influências, por vezes maldosas, como as bem conhecidas dos mistificadores e obsessores. Daí o descrédito que resulta em certos casos dessas práticas desprovidas de regras, de método, de seriedade.

Sem dúvida, não se deve ficar indiferente aos apelos misteriosos, aos ruídos, aos golpes que muitas vezes se fazem ouvir à noite em nossa casa, e que parecem ser indícios de uma assistência, de uma proteção por vezes bem necessárias. Sim, devemos dar atenção às solicitações desse tipo, pois podem provir de amigos invisíveis que nos pedem auxílio, ou ser o prelúdio de conselhos, revelações, ensinamentos preciosos numa época de provações que vivemos. Porém, assim que tivermos encontrado um meio de comunicação que se adapte a nossas possibilidades psíquicas, não devemos hesitar em exigir dos manifestantes provas formais de identidade e usar, em todas as comunicações com o Além, um rigoroso espírito de controle e de exame escrupuloso que não deixe nenhuma possibilidade às fraudes dos espíritos levianos.[1]

Os espíritas têm em mãos uma ideia transformadora bela e fecunda que não devem deixar que se empane e deprecie pela acusação de credulidade que lhes é feita. As grandes verdades não se adquire sem esforço. Através de nossos esforços contínuos para nos libertar das dúvidas e das trevas é que os véus da matéria se erguem e abrem-se passagens para a vida espiritual, a vida infinita!

O espiritismo, após três quartos de século de experimentação e trabalhos, tornou-se uma fonte de claridade e ensinamentos. Sua doutrina resulta de mensagens de espíritos obtidas por todos os meios mediúnicos em todos os países e se completam, controlando-se umas pelas outras.

Até hoje, as religiões e as filosofias só nos ofereciam, sobre as condições da vida no Além, simples hipóteses. Hoje, os que vivem nessa vida a descrevem para nós e nos falam das leis da reencarnação. Com efeito, o que representam as poucas exceções encontradas nos meios anglo-saxões, cuja quantidade diminui a cada dia, diante da massa enorme de documentos, de testemunhos coincidentes recolhidos desde a América do Sul até a Índia e o Japão?

---

1 Vide meu livro *No Invisível* (Espiritismo e mediunidade).

Não é mais, como no passado, um pensador isolado, ou mesmo um grupo de pensadores, que vem mostrar à humanidade o caminho que acredita certo; é todo o mundo invisível que se agita e se esforça para arrancar o pensamento humano de sua rotina, de seus erros, e revelar-lhe, como ao tempo dos druidas, a lei divina da evolução. São nossos próprios parentes e amigos falecidos que nos descrevem sua situação boa ou má, e a consequência de seus atos, em conversas ricas de provas de identidade.

Critica-se os espíritas muitas vezes por darem mais importância à teoria que à prática experimental. No congresso oficial de psicologia de 1900, um cientista nos objetou: o espiritismo não é uma ciência, é uma doutrina. Por certo consideramos sempre os fatos como sendo a base, o fundamento mesmo do espiritismo.

Sabemos que a ciência considera a experimentação como o meio mais seguro de chegar ao conhecimento das causas e das leis; porém estas continuam obscuras, inacessíveis em muitos casos, sem uma teoria que as esclareça e defina. Quantos experimentadores se perderam no dédalo dos fatos, perdidos no labirinto dos fenômenos e acabaram por desistir e renunciar a todas as pesquisas, na falta de uma base geral que una e explique esses fatos. O eminente Charles Richet, após haver feito experimentos toda sua vida, registrou os resultados de suas pesquisas em um grosso volume,[2] sem chegar a nenhuma conclusão.

Poderíamos chegar, pelo estudo do infinitamente pequeno, a uma concepção geral do Universo? Poderíamos, com as manipulações de laboratório, chegar à compreensão da unidade da substância? Se Newton não tivesse uma ideia prévia da gravitação, teria dado alguma importância à queda de uma maçã? Se Galileu não tivesse a intuição do movimento da Terra, teria prestado alguma atenção às oscilações da lâmpada de bronze da catedral de Pisa? A teoria nos parece inseparável da experimentação, deve mesmo precedê-la, afim de guiar o observador a quem a experiência servirá de controle.

Acusam-nos de tirar conclusões prematuras. Ora, são fenômenos que se produzem desde os primeiros séculos da história.

---

2 *Tratado de Metapsíquica*. **EDITORA DO CONHECIMENTO**.

O Gênio Celta e o Mundo Invisível

São constatados experimental e cientificamente há quase cem anos, e acham nossas conclusões prematuras! Dentro de mil anos, ainda haverá os atrasados que acharão que ainda é cedo para tirar conclusões. Ora, a humanidade tem uma necessidade imperiosa de saber, e o descontrole moral que ataca nossa época é devido, em grande parte, à incerteza que ainda paira sobre essa questão essencial da sobrevivência.

Quando, em minha distante juventude, vi um dia na estante de uma livraria os dois primeiros livros de Allan Kardec comprei-os de imediato e absorvi seu conteúdo; ali encontrei uma solução clara, completa, lógica, do problema universal, minha convicção se firmou.

Apesar de jovem, já havia passado pelas alternativas da crença católica e do ceticismo materialista, mas em parte alguma havia encontrado a chave do mistério da vida. A teoria espírita dissipou minha indiferença e minhas dúvidas. Como tantos outros, eu buscava provas, fatos precisos que viessem confirmar minha fé; mas esses fatos custaram a vir. De início insignificantes, contraditórios, mesclados a fraudes e mistificações, estavam longe de me satisfazer e eu teria renunciado mais de uma vez a qualquer investigação se não estivesse apoiado por uma teoria sólida e por princípios elevados.

Em verdade, parece que o invisível deseja nos provar, medir nosso grau de perseverança, exigir uma certa maturidade de espírito, antes de nos entregar seus segredos. Toda aquisição moral, toda a conquista da alma e do coração parecem ter que ser precedidos por uma iniciação dolorosa. Por fim, os fenômenos vieram, conclusivos, impressionantes. Foram aparições materializadas, em presença de várias testemunhas, cuja sensações coincidiam; textos de escrita direta, em plena luz, caindo no vazio fora do alcance dos assistentes e que continham predições que depois se realizaram.

Depois, foram valorosas entidades que se manifestaram por todos os meios a sua disposição, de início por meio da prancheta, pela escrita automática, enfim, e sobretudo, pela incorporação, método pelo qual pude conversar com meus guias espirituais e com várias pessoas. Sua colaboração foi preciosa para a redação de minhas obras, pelas informações prestadas sobre a vida no Além e sobre todos os problemas que abordei.

Esses espíritos se comunicaram por diferentes médiuns, que não se conheciam entre eles. Qualquer que fosse o médium, apresentavam sempre caracteres pessoais bem definidos, alguns de uma originalidade surpreendente, embora de grande elevação, com detalhes psicológicos, provas de identidade que constituíam critérios de certeza a mais absoluta. Como esses médiuns, que não se conheciam, ou então seu subconsciente, poderiam conseguir imitar e reproduzir caracteres tão diversos e ainda assim sempre idênticos a si mesmos, com uma constância, uma fidelidade que persistem após cinquenta anos? Faz mais de meio século que esses fenômenos se produzem junto de mim com uma regularidade matemática, salvo alguns hiatos, por exemplo quando um dos médiuns se foi e demorou algum tempo para encontrar outro adequado.

Possuo sete grandes volumes de comunicações recebidas no grupo que dirigi por longo tempo, e que respondem a todas as questões que a inquietude humana dirige à sabedoria dos invisíveis. Ora, todos os que depois consultaram esses arquivos, ficaram impressionados pela beleza do estilo assim como a profundeza das ideias emitidas. Talvez um dia essas mensagens sejam publicadas. Então, se verá que em minhas obras não me inspirei unicamente por minha própria visão, mas sobretudo pela do Além. Reconhecerão, sob a variedade das formas, uma grande unidade de princípios e uma analogia perfeita com os ensinamentos obtidos dos Espíritos guias de todas as origens em que Allan Kardec se inspirou para traçar as grandes linhas de sua doutrina.

Desde a guerra nossos instrutores continuaram a se manifestar por diferentes médiuns. Através desses instrumentos diversos a personalidade de cada um deles se definiu por suas características próprias de modo a descartar qualquer possibilidade de simulação. Pode-se acompanhar ano a ano, na Revista Espírita, a quintessência dos ensinamentos que nos foram dados sobre assuntos sempre substanciais e elevados.

Depois, próximo do congresso de 1925, foi o grande Iniciador ele mesmo quem veio nos assegurar seu auxílio e esclarecer com seus conselhos. Ainda hoje é ele, Allan Kardec, que nos incita a publicar este estudo sobre o gênio celta e a reencarnação,

O Gênio Celta e o Mundo Invisível   145

como se verá pelas mensagens transcritas mais adiante.

Desculpo-me com os leitores por introduzir tanto minha própria pessoa, mas como poderia proceder a uma análise desse tipo se não fosse sobre eu mesmo e meus trabalhos? Cheguei hoje a conviver com os Espíritos quase tanto que com os humanos, a perceber sua influência, distinguir sua presença pelas sensações fluídicas. Sei que essas almas constituem minha família espiritual. Laços muito antigos me unem a eles, laços que se tornam mais fortes a cada dia, pela proteção que me concedem e a gratidão que lhes voto.

O peso dos anos se faz sentir e minha cabeça encanecida se inclina para a tumba, mas sei que a morte é apenas uma porta que se abre para a vida infinita. Atravessando esse umbral, tenho a certeza de encontrar essas queridas almas protetoras, assim como os numerosos amigos com os quais lutei aqui em baixo por uma causa sagrada. Iremos juntos visitar esses mundos maravilhosos que contemplei e admirei tantas vezes no silêncio das noites e que são para mim testemunhas do poder, da sabedoria e do gênio do Criador.

Em sua *Évolution Biologique et Spirituelle de l'Homme* (p.126) Oliver Lodge fala com entusiasmo dessas "estrelas gigantes que são um milhão de vezes maiores que o Sol, cenário de fenômenos prodigiosos".

Depois, renasceremos juntos nesses mundos, afim de continuar nossas tarefas, nossa ascensão comum para as regiões serenas da paz e da luz.

E quando examino comigo mesmo todas as belezas dessa revelação, todas as promessas de um futuro sem fim, fico tomado de uma imensa piedade por todos aqueles que, em suas provações, não são alentados pela perspectiva das vidas futuras, e cujo estreito horizonte se limita a nosso mundo de sangue, lama e lágrimas.

* * *

É de se admirar que a quantidade de cientistas que admitem a realidade dos fatos espíritas seja restrita? Não, se considerarmos que a opinião formada e o espírito rotineiro são grandes na maioria deles. Todos os que souberam se libertar deles reconheceram a intervenção dos espíritos nos fenômenos e a existência de um mundo invisível. Assim foram William Crookes, Russel Wallace, Myers, Oliver Lodge, o professor Barret, Lombroso, etc. Os espíritos não científicos têm uma preciosa vantagem sobre os cientistas de profissão. Se às vezes são desprovidos de conhecimentos técnicos, em compensação conservam essa liberdade de pensamento, essa independência de espírito tão necessária à interpretação dos fatos. Esses fatos, os consideram em si mesmos e não à luz difusa de teorias preconcebidas. Se tiveram algumas decepções em suas pesquisas, não é delas que sua experiência se constitui. Não se pode tirar-lhes o mérito de ter, desde o início, explorado o território existencial que outros, recheados de fórmulas e teorias, declaravam inexistente. Com isso, abriram caminho a descobertas que trazem uma verdadeira revolução a todos os domínios da ciência.

Quando a história buscar as origens do movimento espírita, após ter consagrado os cientistas cujos nomes citamos com respeito, fará justiça a essa multidão anônima, a esses pesquisadores obscuros que, no mundo inteiro, exploraram os caminhos da vida invisível e restabeleceram o contato entre as duas humanidades, que se achava perdido há muitos séculos. Foi o trabalho paciente e desinteressado desses observadores desconhecidos que forçou os pesquisadores oficiais a se ocupar de uma questão tão fundamental como a prova da sobrevivência e o enlace do visível e do invisível. São eles que fornecem aos técnicos os intermediários necessários, médiuns e *sujets*, sem os quais eles nada poderiam fazer, pois é raro que entre eles se encontrem as faculdades psíquicas, os sentidos especiais que abrem esses vastos domínios a nossas investigações.

Hão de compreender nossas reservas sobre o movimento psíquico oficial na França. Depois de anos de tentativas e da criação de centros e de institutos especiais, é forçoso constatar a mediocridade dos resultados obtidos. Não se pode citar neste momento, em nosso país, um único nome de um cientista oficial ligado às grandes verdades psíquicas, enquanto na Inglaterra e na América se contam às dezenas.

O Gênio Celta e o Mundo Invisível

Alguns psíquicos e metapsíquicos se esforçam para situar o conjunto dos fenômenos espíritas a uma extensão anormal das faculdades mediúnicas. É uma explicação arbitrária, tão abusiva quanto a teoria espírita que consiste em atribuir todos os fatos de ordem oculta à intervenção dos espíritos. Há exagero tanto de um lado como de outro, e a verdade se encontra no meio termo. Para todos que se aprofundaram na questão, os fenômenos de animismo, assim como as manifestações dos mortos, se relacionam e se completam uns pelos outros, e colocam uma luz igual sobre os lados obscuros e misteriosos da natureza humana.

A teoria da subconsciência, da qual tanto se usou e abusou em certos meios, não é senão um território mais amplo da memória, abarcando as lembranças anteriores da alma e as aquisições de suas vidas passadas, como demonstramos amplamente em outros textos.[3]

No decurso dos séculos, a ciência se inspirou sempre nos princípios superiores do conhecimento que a dominavam e dirigiam. As contingências só lhe interessavam na medida em que vinham confirmar esses princípios. Hoje, a ciência prefere estudar o fenômeno em si mesmo, de uma forma terra a terra e material. Não é mais através das faculdades superiores do ser que ele buscar chegar à verdade, ou seja, por aquilo que há de mais nobre em nós: a razão, a intuição, o julgamento, e sim pelo testemunho dos sentidos, quer dizer, pelo que há mais inferior, pois o testemunho dos sentidos é enganoso, como já provaram tantas descobertas geniais.

* * *

A força do espiritismo reside ao mesmo tempo em seus ensinamentos e nas provas que lhes servem de apoio. Mostra a todos o propósito da vida terrestre, e os meios de preparar a vida espiritual que a segue. Esse propósito, esses meios, são comuns a todos os habitantes da Terra e este será um novo elo que os unirá, elo mais poderoso que todos os outros, pois a solidariedade, a paz e a harmonia entre os povos não poderão se estabelecer sem a solidariedade das ideias, das crenças, das aspirações.

---

3 Vide *No Invisível* (Espiritismo e Mediunismo) cap. XXIII.

Os homens acima de tudo são espíritos, e só o espiritismo lhes revela as leis superiores do espírito; seus ensinamentos resumem os princípios essenciais de todas as religiões, os esclarecem, os completam e os adaptam às necessidades da época moderna. Pela cooperação do mundo invisível que se manifesta por todo o planeta, ele oferece uma base moral, uma base comum para a educação universal. A Liga das Nações[4] é qualificada para colocar as primeiras balizas dessa imensa renovação. Criou, com o nome de Bureau de Cooperação Intelectual Internacional, um canal indicado para a realização desse vasto programa, e que é ou foi dirigido por espiritualistas eminentes como Bérgson, de Jouvenel e Mme. Curie.

Se, por razões políticas, essas duas instituições não possam ou não queiram assumir essa obra grandiosa de elevação moral, o que não puderem fazer os espíritas saberão.

Um congresso espírita internacional integrado por um milhar de pessoas representando numerosos grupos e sociedades, entre os quais os delegados de trinta nações estrangeiras, reuniu-se em Paris, em 1925, de 6 a 12 de setembro, na sala das Sociedades Científicas, pra constituir a federação espírita e espiritualista internacional. Esta, que possui representantes em todos os lugares do mundo, é uma organização que se desenvolverá com o tempo e se tornará uma alavanca capaz de levantar o mundo do pensamento e da ciência.

Foi um espetáculo impressionante ver desfilar na tribuna pessoas de todas as raças e cores, hindus de turbante, negros, um dos quais era doutor em direito, ingleses, porta-vozes de uma centena de assistentes de seu país; americanos do norte e do sul, representando associações espiritualistas com centenas de milhares de participantes, espanhois, gregos, rumenos, etc. Todos vieram afirmar, em línguas diversas, a mesma fé na sobrevivência e na evolução infinita do ser, na existência de uma Causa Suprema cujo pensamento radioso anima o Universo. Homens eminentes das ciências e das letras como Oliver Lodge, sir Conan Doyle, o procurador-geral Maxwell, acrescentaram sua adesão formal aos vibrantes discursos dos oradores. Sentia-se perpassar pela assis-

4 A Liga das Nações foi uma organização criada em 1919, para preservar a paz na Europa após o fim da Primeira Guerra Mundial, e precursora da ONU. (N.T.)

O Gênio Celta e o Mundo Invisível

tência o sopro inspirador de uma multidão invisível, e os videntes confirmaram a presença de mortos ilustres que tomavam parte ativa na realização de uma grande obra. Essa participação oculta se torna generalizada. Mesmo nos meios mais refratários, o mundo invisível atua. Apesar do cuidado do Vaticano para silenciar a repercussão que têm tido as aparições de Pio X, as indiscrições dos eclesiásticos demonstram que esses fenômenos não cessaram. A Igreja retornará à concepção mais justa da mediunidade que a fez colocar, em plena Capela Sistina, as sibilas ao mesmo nível que os profetas, pelo pincel prestigiado de Miguel Ângelo? Um grande escritor católico, Maurice Barrès, disse: " As sibilas continuam vivas, pois representam a faculdade eterna e desconhecida de contatar o invisível e de nos unir a ele".

Por toda a parte a ideia se difunde e a comunhão se estreita pouco a pouco entre os dois mundos, entre as duas humanidades, a da terra e a do Espaço. Dia virá em que as mentes e os corações vibração sob a influxo de uma fé comum. As três grandes correntes do pensamento superior difundidas sobre a terra, budismo, cristianismo e druidismo, vão se reencontrar e fundir-se do seio do espiritualismo moderno.

Só então a corrente das paixões e dos interesses materiais diminuirá, e uma liga de fraternidade se estabelecerá entre os povos. A paz e a harmonia reinarão sem divisão sobre a terra regenerada.

Capítulo 2

- Resumo e conclusão

Resumindo, pode-se dizer que, sob um duplo aspecto, filosófico e experimental, o espiritismo ou espiritualismo responde às duas tendências que caracterizam o homem moderno: idealismo e realismo. Uns, ou seja, todos os que sabem que o objetivo da vida é a melhoria e o aperfeiçoamento do ser, se ligam à doutrina porque ela lhes traz consolação, esperança e força moral. Outros preferem a experimentação, mas esta, como vimos, necessita de múltiplas condições de qualidades raras, ou seja, um ambiente fluídico favorável, paciência e perseverança, o hábito do controle e sobretudo um conhecimento prévio das energias e das causas que agem nesses fenômenos conhecimento que só se adquire por meio de estudos sérios e profundos.

Com esses estudos, uma grande luz se faz sobre as condições da existência no Além. Estabelece-se a certeza de que o ser humano não é somente um agregado de átomos que se dispersa com a morte, mas acima de tudo um espírito imortal provido de uma forma invisível a nossos sentidos, um envoltório fluídico que é a contraparte do corpo físico, destinado a evoluir e se aperfeiçoar através das vidas sucessivas e contínuas.

O ensinamento dos Espíritos, alargando nossos horizontes, nos leva a compreender a ordem e o equilíbrio perfeitos que reinam em tudo. A vida visível e a invisível formam um todo inseparável e uma não se explica sem a outra. A nova revelação traz, portanto, um poderoso elemento, uma extensão ilimitada no domínio dos conhecimentos humanos. Todos os pensadores que quiserem refletir sobre isso sentirão sua importância e necessidade.

No campo experimental só se obtém resultados importantes com a assistência e a proteção dos Espíritos superiores. Ora, estes só intervêm com conhecimento de causa, e apenas quando lhes apresentamos disposições que lhes convenham.

Já está demonstrado[1] que cada um de nós é cercado por uma atmosfera fluídica formada pelas irradiações de nossos pensamentos e nossa vontade, que varia de natureza e de brilho de maneira a indicar exatamente nosso grau de evolução e a condição de nossa alma. Essas irradiações nos escapam aos sentidos, mas os videntes as percebem, a fotografia reproduz seus eflúvios.

A comunicação só é possível e a ação dos Espíritos só se realiza na medida em que nossa condição fluídica vibra em harmonia com a dos manifestantes invisíveis.

É preciso um treinamento espiritual, um longo e perseverante esforço da vontade para colocar nossas irradiações psíquicas em condições de sintonia que permitam entrar em contato com as entidades de certa ordem e obter os fenômenos intelectuais que são a quintessência do espiritismo.

Assim foi com os druidas as druidesas, os bardos cuja fé ardente facilitava as relações com os mundos superiores e lhes possibilitava revelações que serviam de base a seus ensinamentos.

Em nossos dias, não é mais assim. Séculos de criticismo, de ceticismo, tiraram do pensamento seu poder de irradiação. A fé se fechou em si mesma. No meio do caos das ideias e das contradições, tornou-se mais difícil encontrar um ponto de apoio para qualquer crença.

A maior parte dos pesquisadores psíquicos parece não acreditar que seu estado de espírito, muitas vezes impregnado de ceticismo, de desconfiança, de negação, é uma causa maior da esterilidade de suas experiências. Como obteriam a assistência e a proteção dos invisíveis se começam negando sua existência e se entregam a críticas pouco oportunas?

Sem dúvida não se pode descartar os fenômenos de ordem inferior, nada do que ajude a confirmar a realidade da sobre-

---

1 Vide meu livro *No Invisível* (Espiritismo e Mediunidade).

vivência e das variadas condições da vida no Além; devemos encorajar todas as pesquisas feitas com esse objetivo. Na confusão de teorias e sistemas que reina em nossa época, aos olhos de muitos pesquisadores, o fato permanece como a única base sólida de qualquer certeza.

* * *

Chegados ao final desta obra, recordemos o seu objetivo essencial. Desde a guerra, o pensamento francês explora o horizonte intelectual e no mais das vezes só encontra incertezas, obscuridade, contradições e, na sua angústia, se pergunta de onde virá a luz que deve clarear o caminho e mostrar o sentido de sua vida. Quem nos trará a fé superior que sustenta, consola e ergue, a força de alma que faz suportar com coragem as provas e os sofrimentos, e permite triunfar na luta da vida?

Nem a cultura universitária, nem a Igreja conseguiram até agora dar à França a consciência plena de seu papel e de seu destino, o ideal moral que oferece um objetivo aos esforços de todos. Em muitos casos elas impediram seu progresso, reprimiram o seu gênio. Nosso país deve naufragar na anarquia e na confusão? Não! O que os vivos não puderam fazer, os ditos mortos farão. Suas vozes se elevam de toda parte para nos recordar nossas origens, nossas tradições sagradas.

Os Espíritos dos antigos druidas, Allan Kardec à frente, vêm nos afirmar que o espiritismo é um renascimento de suas doutrinas e que vão trabalhar para divulgá-las em toda parte, e acrescentam que em sua atuação serão seguidos por todas as almas grandes e nobres que, através dos séculos, conseguiram através da literatura perpetuar essa ideia afim de que ela não se extinguisse totalmente.

Disso não se deve deduzir que estamos abandonando os princípios do Cristo e renunciamos a nossa condição de cristãos. Não, por certo; assim como nos assegura Allan Kardec, as três grandes revelações, oriental, cristã e druida emanam da mesma fonte e se unem em seu foco inicial.

O ensinamento de Jesus foi mais ou menos velado e desnaturado pelo homens e, reconstituindo-o em sua essência pura,

O Gênio Celta e o Mundo Invisível   153

o vemos idêntico às doutrinas dos druidas, com mais doçura e caridade. Sua semelhança não nos pode surpreender quando sabemos que têm uma origem sobre-humana comum; mas hoje, para a reconstrução de nosso país, a doçura do Evangelho não é suficiente, é preciso acrescentar a energia céltica.

Respeitando as doutrinas orientais, búdica e cristã, e nos apropriando do que elas possuem de belo e de grande, devemos nos ligar de preferência a nossas verdadeiras tradições nacionais, pois se identificam com nossa natureza, nosso caráter, nossas necessidades intelectuais. Elas inspiraram tudo que nosso povo criou de nobre e generoso no passado e continuam o móvel essencial de nossa evolução no futuro. É retornando a elas que reencontraremos a consciência plena de nós mesmos, nosso equilíbrio moral, a alegria de nos sentirmos no verdadeiro caminho que nos indicam as leis supremas.

Depois das terríveis provas da guerra, em meio ao desatar das paixões e dos interesses, a voz dos ancestrais se faz ouvir e a verdade emerge das sombras. Ela nos diz: "Morre para renascer, renasce para crescer, para elevar-te pela luta e o sofrimento. A morte deve deixar de ser um objeto de pavor, pois além dela vemos a ascensão para a luz".

Da mesma forma que, acima da camada escura de nuvens que às vezes envolve a terra, o céu permanece eternamente azul, além das vidas terrestres agitadas, dolorosas, reina a vida calma e serena de *Gwynfyd,* a vida radiosa do Espaço.

Capítulo 3

• Mensagens dos invisíveis

Transcrevemos a seguir a série de mensagens ditadas por meio da incorporação mediúnica pelos grandes e generosos Espíritos que quiseram colaborar com nossa obra. A autenticidade desses textos reside não apenas neles próprios, pelo fato de que ultrapassam em muitos pontos o alcance das inteligências humanas, mas também nas provas da identidade respectiva. Assim, no decurso de nossos diálogos com o espírito de Allan Kardec, ele entrou em certos detalhes precisos sobre a sua sucessão e as desavenças que surgiram, a esse respeito, entre duas famílias espíritas, com particularidades que o médium não podia absolutamente conhecer, sendo à época uma criança, e com pais que desconheciam completamente o espiritismo. Esses detalhes tinham se apagado de minha lembrança, e só pude reconstituí-los depois de pesquisas e indagações.

Quanto a seu valor científico e moral, ver-se-á que os temas abordados nessas mensagens atingem o mais alto nível do entendimento humano atual. Ultrapassam-no mesmo, em certos pontos, no entanto permitem-nos entrever a gênese da vida universal. Analisando esta obra sob seu ponto de vista, os autores nos dizem que dessas mensagens se poderá extrair uma orientação nova que, no estado de evolução que já atingimos, é compatível "com o grau de compreensão e de alcance da mente humana".

Lembremos, outrossim, aos que o tenham esquecido, que os Espíritos às vezes experimentam grande dificuldade para expressar, através de um organismo e um cérebro estranhos, noções e idéias pouco familiares a eles. É precisamente o caso de nosso médium em relação à questão celta. Allan Kardec o constatou por si próprio no curso de suas mensagens, como veremos a seguir. São precisos esforços persistentes para criar, no cérebro de um médium, expressões e imagens inusitadas. Isso explica as críticas que têm sido feitas a alguns desencarnados célebres com respeito a diferenças de estilo apontadas em suas comunicações.

Outra objeção consiste na suposição de que Allan Kardec esteja reencarnado no Havre desde 1897. Estaria então com trinta anos nessa nova existência. Ora, poder-se-ia admitir que um espírito dessa categoria fosse esperar tanto para revelar-se através de obras ou ações condizentes? Além disso, Allan Kardec não tem se comunicado apenas em Tours, mas também em vários outros grupos espíritas da França e da Bélgica. Em todos esses locais, ele se revela pela autoridade de suas palavras e a sabedoria de suas idéias.

Eis, inicialmente, a apresentação do Espírito de Allan Kardec feita pelo guia e diretor de nosso grupo:

Anuncio-lhes a visita do Espírito de Allan Kardec. Percebi a aura pura e a bela cor fluídica que o envolvem, o brilho de sua fé na força divina superior. É o que lhe permitiu, no curso de suas existências, ter uma evolução contínua que lhe traz, a cada passagem, conhecimentos e intuições mais precisas sobre as formas e leis da vida universal. Ele possui uma ligação particular com a França e com a corrente céltica; em outras palavras, a fé essencial, natural, sempre brilhou nele.

Allan Kardec se dedica a despertar essa fé na consciência e no inconsciente dos franceses, para ajudá-los a elevar o espírito e se reaproximar da corrente celta.

O médium, desconhecendo completamente a questão celta, nos oferece uma garantia perfeita contra a autossugestão.

O celtismo representa a fé ardente provinda das correntes superiores e transmitida a vossa terra por uma irradiação que auxiliou poderosamente no desenvolvimento da consciência francesa. É uma das expressões mais vivas do culto divino, do culto da sobrevivência e da pátria. Assim, em vossas preces, a pequena chama que ilumina vossas consciências de franceses se eleva e irradia à medida que se amplia a vossa sinceridade.

Deveis, em vosso livro, trazer as reminiscências celtas para reavivar essa fé ardente na divindade que desencadeia, no planeta, a expansão de correntes regeneradoras e benfazejas. Essa elevada aspiração é própria dos corações puros. Como os celtas outrora, as almas que têm sede de ideal buscam nas fontes da natureza essa irradiação benéfica que simboliza a grandeza divina. Allan Kardec vos dirá como e por que esse raio celta se ligou no solo armoricano.

Se ainda estivesse na Terra, eu me serviria desse tema para demonstrar que é à centelha transmitida pelos celtas que devemos, em graus diversos, a necessidade de crer no Além, a satisfação de desenvolver a alma, e a percepção da claridade espiritual que nos prova que todas as criaturas são filhas de Deus.

Concluo afirmando-vos que a corrente celta é o guia que vos dirige para a suprema morada da luz. É por ela que chegareis a compreender o desenrolar da vida universal. Em vossas existências, à medida que subirdes para Deus, ireis beber dessas fontes supremas, aprendereis a conhecer as forças insuspeitadas do éter, as vibrações criadoras que demonstram a existência do plano divino.

15 de janeiro de 1926

Mensagem 1

- A fonte única das três grandes revelações: budista, cristã e celta

Sinto-me feliz em descer até vós, pois experimento uma satisfação interior, um prazer real de sentir-me em sintonia com pessoas que possuem vibrações sensivelmente idênticas às de meu perispírito. Isso nos mostra que é necessária a sintonia fluídica para nos compreendermos, expressarmos os pensamentos e pontos de vista conforme os ambientes aos quais desejamos descer. Cada indivíduo projeta uma vibração, de acordo com a quantidade de suas existências; e a diversidade da composição molecular dos fluidos que compõem seu eu psíquico está na razão direta das experiências, das provas experimentadas, do esforço efetuado através dessas existências, seja em algum planeta ou no Espaço. Digo ainda que é para mim especialmente agradável descer neste país, a França, que amei e onde habitei materialmente da Armórica ate a Maurienne.[1]

Cada terra desenvolveu em mim concepções que jamais se perderão. Como celta, fui impregnado desse misticismo vibrante que havia trazido do Espaço. Depois, em minha penúltima existência, na Savóia, adquiri uma tolerância moral que foi necessária para difundir a doutrina que conheceis.

Antes, porém, falemos da existência que me levou à Bretanha, que foi uma existência de iniciação, projetando em meu ser a claridade da vida universal. Essa claridade brilhou mais ou menos através de minhas várias existências, conforme buscava adquirir uma ou outra qualidade, tendendo mais para a matéria

---

1 Maurienne – vale da região da Savóia, nos Alpes franceses. (N.T.)

ou para o espírito.

Há pessoas que não conseguem admitir as vidas sucessivas. Neles, a centelha da iniciação permanece velada, porque a luta material os absorve inteiramente. Há existências de fé, e há existências de trabalho, pois é uma lei imutável, um princípio fundamental, que a criatura se desenvolve através das alternâncias para adquirir os germes benéficos que devem ajudá-la a progredir espaço afora.

Deus projetou de si a porção de luz que constitui a alma, e essa irradiação do pensamento divino deve chegar, por meio de transformações e crescimento sucessivos, a constituir um centro radiante que contribuirá para a manutenção e o equilíbrio da atmosfera dos mundos. Aí reside um princípio de ordem geral que mostra a necessidade das múltiplas vidas.

As primeiras sociedades humanas que povoaram a Terra traziam o esboço das civilizações futuras; em alguns sentidos, sua iniciação espiritual foi bastante avançada. Os egípcios, os celtas, os gregos, por exemplo, traziam consigo focos radiosos que neutralizavam as forças materiais. Elementos de progresso foram estabelecidos por eles sobre vosso globo. O ir e vir dos seres para viver ora na superfície do planeta ora no Espaço pôde, desde então, continuar com regularidade.

Os recém-chegados, de acordo com seu grau evolutivo, pertenceram a grupos oriundos de planetas inferiores, existentes ou desaparecidos.

Essas considerações de ordem geral eram necessárias antes de falarmos mais especificamente da França, de sua influência fluídica e de sua irradiação no planeta.

A visão celta é a própria essência dela; provém da esfera divina e representa o espírito de pureza do povo francês; ela deve iluminar, através dos séculos, a alma nacional. É o impulso na direção das esferas superiores, o conhecimento essencial da esfera divina, a sobrevivência do pensamento, a correlação das almas e dos mundos, a orientação para um objetivo que irá se aclarar e tornar-se mais preciso na medida da nossa evolução.

O celtismo é a claridade que mostra o caminho dos estudos psíquicos futuros. Foi nele que se enxertou, em vosso país, o pensamento cristão, assim como o próprio cristianismo se havia

O Gênio Celta e o Mundo Invisível 159

impregnado de outra irradiação, a do misticismo oriental.

Existem em vosso mundo determinados pontos fluidicamente especiais que são como espelhos, condensadores e refletores de fluidos, destinados a fazer vibrar os cérebros e corações dos povos do planeta. Sobre esses pontos, três focos de luz se acenderam: o foco oriental, na Índia; o foco cristão na Palestina; o foco celta no Ocidente e no Norte.

Se estudamos a gênese dos fenômenos que constituíram essas doutrinas, vemos que a origem superior é sempre a mesma, e que vosso planeta é influenciado por essas correntes, ou feixes de ondas elevadas, que são as verdadeiras artérias da vida universal.

Allan Kardec
12 de junho de 1926

Mensagem 2

- Evolução do pensamento através dos séculos

Em nosso último encontro falei-vos dos três grandes focos espiritualistas que foram acesos sobre a Terra para iluminar a caminhada da humanidade. O foco oriental foi ativado por espíritos das esferas superiores cuja missão era escolher criaturas que estivessem mais próximas da natureza. Queriam demonstrar que o ser material, libertando-se das paixões, poderia entrar em contato direto com as grandes correntes superiores que auxiliam a evolução da sociedades terrestres. Encontrareis a prova disso ao estudar a vida dos grandes sacerdotes hindus, dos lamas que se inspiravam em Buda, e buscavam antes de tudo imunizar-se contra os fluidos materiais que envolviam a Terra.

Os espíritos superiores atuaram sobre uma região onde a humanidade se encontra menos sujeita aos desejos passionais. Falo dos monges do Tibete e de certas figuras da Índia. Eis um ponto estabelecido: o ser humano, em certas condições de isolamento, de ascetismo e de aspirações elevadas, pode sentir-se em relação constante com os mundos superiores. Ali estavam os precursores dos médiuns; chegarão a ser conhecidos pela humanidade, mas não deverão dividir-se, dissipar suas forças, e por isso permanecerão no círculo oriental.

Para que o pensamento humano fosse tocado de maneira mais concreta, foi necessária a vinda do Cristo, que conviveu de perto com a multidão. O Cristo, como os iniciados da Índia, trazia em si muitas centelhas da força divina. Ela se transmitiu por sua palavra e pela atuação dos apóstolos.

Mas sobre determinados pontos da Terra, e particularmente sobre a Gália, os sacerdotes celtas, os druidas, transmitiram também as irradiações do foco divino, através de símbolos próprios, isto é, inspirando-se mais especificamente na natureza. O druida, como o lama, bebia das fontes originais do Espaço as forças que lhe despertavam a fé e o atraiam para o plano superior. As formas podem variar, mas nos círculos do Oriente e no cristianismo e entre os druidas, há um ponto absolutamente idêntico: é que o ser humano, quando consegue se desprender das atrações materiais, vibra o suficiente para captar as emissões dos altos planos celestes. Os monges do Oriente, o Cristo e os druidas se achavam impregnados dessas vibrações poderosas e, em consequência, podiam produzir fenômenos que impressionavam as multidões.

Em vossa época moderna, o magnetismo, que é uma das formas do dinamismo universal, desempenha um papel importante para todos os que constituem polos atrativos e sabem utilizar a prece.

Devemos admitir que entre os druidas ocorriam fatos como por exemplo sacrifícios humanos, últimos vestígios de uma barbárie grosseira, e destinados a impressionar as massas.

Desde o surgimento desses três grandes focos de difusão espiritual, a fé e o ideal experimentaram alternadamente pausas e retomadas; o impulso do misticismo ressurgiu aqui e ali, pela ação das correntes próprias das etapas evolutivas da humanidade. Por outro lado, a ciência positiva avançou, obscurecendo a fé.

No dia em que uma nova luz se acender na Terra, despertará uma natural curiosidade. No momento atual, os centros parecem se deslocar. Não me surpreenderia de ver um dia, na América, criar-se um polo capaz de neutralizar o positivismo do povo americano. Esse povo é, como sua composição étnica, bastante misturado do ponto de vista ideal.

É da região da Índia que se deve esperar surgirem um dia fenômenos que hão de vos interessar ao mais alto nível. Essa região acha-se ainda impregnada do misticismo, como na França a Bretanha conserva ainda uma fé intensa no sentido do Além.

Recentemente, aconteceram experiências por intermédio de uma pessoa que parecia possuir belas possibilidades de transmissão fluídica, mas acha-se cercado de seguidores demasiado realistas; contudo, existe ali uma indicação, uma direção, um simples fio ligado às esferas superiores. Trata-se de um ser evoluído, mas não comparável a Buda e ao Cristo. A espiritualidade precisa evoluir, e em determinadas épocas, reavivar a fé, que sucumbiria ao materialismo. Buda, o Cristo e os espíritos dos druidas representam forças superiores ligadas à esfera divina e trabalham para manter a Terra num grau de equilíbrio necessário à continuidade de sua evolução, pois se a espiritualidade se extinguisse em vosso planeta, a matéria tomaria conta e terminaria corroendo e dissolvendo-o.

A matéria deve se manter contida pela ação superior do espírito. Na realidade, ela é apenas a tela na qual se reflete o brilho da vida universal.

Allan Kardec
12 de março de 1926

Mensagem 3

• Mesmo tema

Já falei das três correntes: budista, cristã e druida.

Sabeis que a corrente cristã que, afinal, é uma expressão das doutrinas orientais, se espalhou, avançando até a Itália, depois chocou-se com uma região independente, que era um polo de atração equivalente, constituído pelo mundo celta.

Mesmo em épocas recuadas foram criados grandes centros de atração, e seres vieram em missão, depois de terem habitado planetas mais adiantados, mais velhos que o vosso, para lançar, além da ação material, a semente que alimentou a chama das consciências humanas.

O tempo não existe; o destino e a vida universal se desenvolvem eternamente. Quando as moléculas gasosas de calor, de vapor e de água que formaram a Terra se condensaram para formar o protoplasma da matéria, foi preciso que entre os seres que iriam povoar esse novo mundo, os iniciados superiores viessem transmitir, às consciências bem primitivas, a aceitação de uma lei superior.

É por isso que no Oriente, na Palestina e na Gália se formaram centros de atração. Se o princípio fundamental que os inspirava era o mesmo, variou a forma de sua aplicação; mas analisando esses princípios se vê que a tese da sobrevivência é aceita por igual. Os druidas, que se estabeleceram nos litorais, inspiraram-se nos elementos exteriores para conceber três círculos que sintetizavam as forças naturais e morais. Havia uma iniciação com vários graus e a reencontramos nas formas de culto. É no cristianismo que a iniciação é menos investigada.

Penso que a doutrina do Cristo era mais pura que as outras, por ser mais simples.

Os druidas eram iniciados de maior nível conforme seu grau de mediunidade fosse mais acentuado. Entre eles o sacerdote, a sacerdotisa, que viviam em meio à natureza, recebiam a iniciação de uma forma mais direta que no culto cristão. Se analisarmos o druidismo, encontraremos nele um ensinamento esotérico bem avançado. Não obstante, o cristianismo lhe é superior do ponto de vista humano, porque se adapta mais especificamente às fraquezas humanas, ao passo que o druidismo, com sua doutrina de ordem elevada, considerava a raça humana inferior. Seus ensinamentos, melhor entendidos pelos privilegiados, entre a massa geravam certas superstições.

Em resumo, da religião celta deve-se conservar só o princípio essencial; seus sacerdotes, vivendo em contato com a natureza, se comunicavam intimamente com as forças invisíveis, mas, tendo conservado, apesar de tudo, as moléculas materiais, daí resultou que a transmissão de seus ensinamentos se deformou, distanciando-se das noções de justiça e amor, no meio de uma população àquela época ainda bárbara.

Vê-se por aí que as três correntes, budista, cristã e druida, se completam. Jesus Cristo personifica a luz das esferas quase divinas que, com suas vibrações benfeitoras, deve iluminar e vivificar a consciência. O druidismo, bebendo das fontes vivas da natureza, captava as vibrações dos mundos e as emanações da vida universal. O que o Cristo recebia diretamente dos seres superiores, o druida obtinha por meio das correntes transmissoras do pensamento dos seres desencarnados.

Estão se formando, na época atual, novos agrupamentos fluídicos, ainda não materializados, mas destinados a constituir um centro de atração que constituirá o quarto ciclo. Ele aceitará a realidade da vida superior, capaz de, em certas condições, comunicar-se com os seres humanos dotados de conhecimentos científicos unidos a um ideal elevado. Suas convicções auxiliarão a restabelecer o equilíbrio necessário entre a existência material e a inspiração espiritual.

Allan Kardec
23 de abril de 1926

O Gênio Celta e o Mundo Invisível

Mensagem 4

• Celtas e atlantes

Vosso grupo acha-se imunizado porque permanece distanciado das paixões humanas. Sois celtas devido à vossa vontade de permanecer na consciência inicial de vossa raça. Uma das formas do celtismo puro é o amor pela natureza. Não é ela o reflexo da beleza e da grandiosidade divinas? Oferece aos humanos as mais puras alegrias do espírito e dos sentidos; estabelece uma comunicação através das esferas azuladas e das correntes supraterrestres.

O celtismo é também o amor pela família, o conhecimento intuitivo das anterioridades e afinidades; e o apego ao solo, cujas irradiações geológicas se mesclam às irradiações individuais.

Pergunta - Existe, como dizem alguns, uma diferença entre celtas e gauleses?

Resposta – Há entre os celtas, do ponto de vista humano, duas origens: a normanda e a anglo-normanda. Existe na Bretanha indivíduos de uma raça mais bronzeada, de tom mais avermelhado; talvez tenham vindo da Atlântida; mas são espécimes isolados e raros. Parece que teria existido entre a Atlântida e a Bretanha francesa uma ilha na qual teriam vivido essas populações. Da região da Gasconha, uma colônia teria emigrado para a ilha de Oleron.

Lembrai-vos de que a centelha celta é o elemento essencial que deve sustentar o nacionalismo francês atual, pois a centelha vital da consciência francesa saiu dos celtas.

Allan Kardec
22 de maio de 1926

Mensagem 5

- Da origem do corrente celta

A vida dos planetas, como a dos indivíduos, deve percorrer fases sucessivas e, de acordo com elas, a homogeneidade dos fluidos é mais ou menos destruída ou conservada. Vossa Terra entrou, em sua trajetória, em contato com uma das grandes correntes que constituem as artérias da vida universal. Essa corrente é extremamente poderosa e vai produzir diferentes efeitos de acordo com a natureza das criaturas. Os Espíritos de ordem inferior que se encontram entre vosso planeta e essa corrente não podem suportar a sua atração fluídica, e então são automaticamente lançados na direção do plano material. Sua influência trará um recrudescimento das paixões inferiores.

Quanto aos terrícolas que se entregam à meditação, e apelam às forças e aspirações superiores, os eflúvios dessa corrente os envolverão e com isso receberão instruções e comunicações.

Devo acrescentar que essa corrente vital tem a propriedade de manter no Espaço a vida perispiritual e espiritual, e sobre a Terra, iluminar as consciências evoluídas. Podeis constatar sobre a Terra, no momento atual, por um lado um enfraquecimento de todas as crenças elevadas, e por outro, um fluxo de misticismo. É por isso que vosso estudo sobre os celtas chega na hora, e penso que essa corrente de que falo pode, reanimando as consciências, auxiliar a fazer brilhar a centelha do passado.

Sabeis que um dos principais elementos de vosso povo é o celtismo, que se formou à época da constituição da Terra, quando nela apareceram os primeiros seres humanos. O celtismo, em realidade, é uma irradiação de centelhas de um dos focos da vida universal. Cada raça é influenciada por um foco diferente, cujas radiações se adaptam a determinadas áreas do solo, de acordo com sua natureza.

Quando vosso planeta estava ainda em formação, suas diversas camadas já se encontravam em relação direta, por meio de vibrações, com certos feixes das artérias que animam o grande Todo.

É por isso que cada raça conservou no fundo de seu inconsciente a centelha geradora que animou as primeiras manifestações da vida. Cada raça possui, pois, qualidades diferentes. A criatura deve adquiri-las todas no decurso do tempo, sucessivamente, e para isso deve viver nos meios onde impera tal virtude ou paixão. Note-se que a paixão não é mais um virtude e que a virtude se altera, quando a emissão fluídica é contaminada por ondas que podem empanar o seu brilho.

Não vou falar da composição química das ondas que engendraram a centelha primordial que anima cada povo e cada indivíduo. A França sempre conservou sua centelha essencial. De acordo com o estudo de vossa história e pré-história, a França, apesar de certas deformações, viu persistirem através dos séculos as virtudes da raça. São elas:

Atividade mental permanente;

Consciência, no indivíduo, de seu automatismo integral;

Necessidade de misticismo e de ideal, mesmo quando a consciência individual se desvirtua;

Luta contínua entre a paixão e o idealismo.

Tais são as características de vosso povo. Em todo o seu território encontramos essas qualidades fundamentais; as paixões são mais ou menos idênticas. Inicialmente, foram as irradiações vindas do oeste que atuaram sobre vosso país.

Se tivésseis podido, do Espaço, acompanhar a gênese de um mundo, teríeis visto que antes que ele seja entregue a si próprio, uma espécie de rede fluídica o envolve, trazendo-lhe a essência nutritiva. O polo vibratório que alimenta vosso povo ligou-se, no planeta, ao sul da Bretanha. Nessa época, é bem verdade, não existia nem Bretanha nem Gália, mas somente uma cobertura gasosa homogênea; as vibrações se estenderam do sul ao norte em forma de leque, e fizeram contato naquele ponto com essa cobertura gasosa. Essa condição permaneceu durante todo o período de transformação da crosta e, quando os primeiros seres humanos apareceram, foram impregnados dessas radiações. Essa irradiação primária que atingiu vosso país transmitiuse através das gerações e existências, pois cada ser leva consigo, em seu inconsciente, a centelha vital produzida pelo impulso original.

Hoje, seja na Bretanha ou nas costas inglesas do sudoeste, encontramos as mesmas características nos anseios, no apego à terra, que provam que as vibrações foram as mesmas em toda essa região, enquanto que, à medida que nos distanciamos do centro-oeste, mais se constata que a pureza do sentimento celta se enfraquece.

Em suma, pois, o celtismo corresponde ao ponto de chegada de uma corrente provinda das artérias da vida universal, que penetrou no envoltório terrestre durante sua formação, justamente no centro-oeste da França. Daí as centelhas vivas que dormitam ainda na consciência francesa.

Allan Kardec
4 de junho de 1926

Mensagem 6

• A corrente celta e o caráter francês

A raça celta que, de modo geral, colocou os pés no planeta a oeste da França, prolongando-se para o noroeste, absorveu as radiações transmitidas pelo feixe vibratório que mencionamos. Todo o celta puro devia, portanto, estar impregnado das virtudes e pensamentos vindos diretamente das esferas superiores. Estes se traduziam, nos druidas e bardos inspirados, por um impulso e um movimento na direção da luz, em uma vibração de amor, de reconhecimento pelas alegrias experimentadas nas esferas vibratórias do astral. À medida que nos distanciamos do ponto de ligação desse raio vibratório, as virtudes básicas por ele transmitidas se enfraquecem; mas os seres que irão suceder-se sobre a crosta terrestre continuarão a receber, em feixes complementares e intermitentes, embora com menos intensidade, as irradiações do pensamento superior.

Quanto mais o ser humano se distanciar dos limites materiais, vibratoriamente falando, mais sua compreensão se aproximará intuitivamente da vida supraterrestre.

Tentemos identificar o que ficou, através dos séculos, da centelha inicial transmitida à época da criação de vosso globo.

No povo francês o misticismo proveio da centelha celta, com a generosidade peculiar a essa raça; à medida que subimos do sul para o norte, ele assume um tom cada vez mais ponderado, mais sóbrio.

Através dos séculos, essas diversas qualidades se fundiram para formar o povo francês. Analisando-o de perto, apresenta subdivisões, e se pudésseis ver ao microscópio o que resta da centelha individual, de essência divina, poderíeis constatar que aquilo de que ele ficou mais fortemente impregnado, foi do misticismo.

Existem causas e leis que regem os indivíduos. Cada ser humano deve possuir qualidades próprias, vibrações específicas, afim de receber e trocar intuições com os planos superiores. Se pudésseis ler na alma de um bretão em prece, veríeis a pequena centelha de sua consciência vibrar de forma intensa sob a ação dos raios refratados do solo e que alimentam a crença mística.

Se esse bretão, saindo de seu ambiente, for posto em contato com um médium sincero, sua educação esotérica será fácil e a maioria deles tornaria a encontrar em pouco tempo, em seu inconsciente, a crença pura das existências passadas.

Allan Kardec
25 de junho de 1926

Mensagem 7

- Analogia do ideal japonês com o celtismo

Meu país fica longe do vosso. Escrevi na minha língua materna terrestre. Não me compreendestes; os caracteres se leem de cima para baixo, e são fonéticos (o espírito, antes de falar, havia desenhado sobre a mesa signos incompreensíveis para nós). Isso vos dirá um pouco de minha origem.

Fui enviado por Allan Kardec para dizer-vos que a essência espiritual que anima o povo japonês é idêntica à que atuou sobre os primeiros celtas. A espiritualidade provém das próprias fontes de luz do espaço. Da mesma forma que haveis recebido uma emanação que penetrou o planeta na Bretanha, como vos foi explicado, outra emanação da mesma essência desceu à região do globo que compreende o Japão, irradiando-se até a Manchúria. E nós, japoneses, adquirimos com isso a marca indelével da vida espiritual.

A vida terrestre é um sonho, e a grande, alta e luminosa é a vida nos planos superiores.

O japonês, que é cioso de sua elevação moral, conserva ainda no fundo de sua consciência a lembrança íntima do laço que o une à vida superior. Daí nosso culto a Deus e aos seres evoluídos que povoam o universo sob formas diversas. Daí nosso culto, em pensamento, em homenagem aos desencarnados que, perto ou longe, constituíram nossa família espiritual e humana.

Quando o espírito vai diretamente e sem prevenções aos lugares eminentemente espiritualizados, capta outros pensamentos que devem gerar a evolução moral e preservar do cerco do materialismo. É por essa razão que os orientais conservaram o culto dos mortos. É por isso que, de vosso lado, os druidas evocavam, nos círculos de pedra, os seres dos diversos planos. Daí resultava instintivamente a coragem diante da morte, o espírito de sacrifício e o amor à natureza. O psiquismo japonês parece, na época atual, haver perdido a chama mística dos séculos passados. Isso se deve às trevas que envolvem o planeta. Como no início as grandes correntes atravessavam a Terra nebulosa em formação, hoje, não mais nebulosa, ela recebe as irradiações do espaço e cede à visão materialista a respeito da iniciação e da fé mística.

Isso é o que me é permitido dizer hoje para vosso conhecimento. Tenho dificuldade de transmitir meu pensamento, porque não conheço vossa língua. Foi preciso a ajuda de um espírito auxiliar para que minhas formas-pensamentos se tornassem claras ao cérebro do médium e fossem por ele traduzidas.

Retorno ao espaço livre e satisfeito de ter podido voltar à Terra para transmitir-vos um pensamento que possa banhar a flor cujo perfume irá se difundir através das folhas de vosso futuro livro.

Kasuli
Antigo preceptor da corte imperial do Japão

Mensagem 8

• Processos espirituais dos druidas

Era interessante vos dar a conhecer o ponto de contato e as diferenças que existem entre as religiões orientais e a celta. No Japão encontramos pontos básicos idênticos aos das correntes vibratórias lançadas na Bretanha.

Tendes noções precisas sobre o celtismo, e sabeis que os druidas e certos iniciados captavam essas vibrações que, menos analisadas atualmente, se traduziam neles como simples intuições.

Durante as cerimônias druídicas, os sacerdotes e sacerdotisas entravam em transe. A druidesa era a médium dos druidas; era mais resguardada, vivia em meio à natureza. Em geral era casta.

O povo dessa época estava mergulhado no materialismo, e por isso sua imaginação tinha que ser despertada pelos sacrifícios. Estes, humanos ou animais, eram a base das cerimônias druídicas, e eram precedidos por cantos que eram apelos vibratórios próprios para facilitar as intuições. Alguns druidas tinham o poder de provocar a exteriorização dos indivíduos de modo que, sob a influência do sono magnético, iam voluntariamente para a morte.

A atmosfera terrestre nessa época e nessa região da França, sob a irradiação vibratória de que já vos falei, era mais fluida que a de hoje.

Vibrações mais fortes desceram sobre vosso planeta, à medida que sua crosta se tornou mais espessa; a natureza das vibrações se alterou. Já não podemos mais, do ponto de vista vibratório, atuar sobre o solo como o fazíamos à época dos druidas; temos que nos limitar a influenciar alguns psiquismos capazes de acumular forças fluídicas que veiculam o pensamento.

Acompanhando a evolução de vosso planeta, constatareis que os fluidos perdem seu caráter volátil e adquirem mais energia vibratória e é assim que o cérebro humano chegará, por uma adaptação científica, a descobrir as fontes da alma universal.

Digo adaptação científica e não apenas ciência pura, pois esta deverá tomar o caminho da espiritualidade, e será a consciência iluminada pela fé que a guiará para um conhecimento mais amplo e elevado.

Voltando aos druidas, eles recorriam às invocações da natureza para colocar-se num estado de equilíbrio capaz de fazê--los captar as vibrações dos pensamentos superiores. Daí concluíram que a realidade superior existe, que a Terra é envolta por forças criadoras, e que a vida não terminava nos limites das florestas bretãs. É verdade que essas forças não desenvolviam, nos cérebros de então, invenções geniais que poderiam ter trazido uma civilização material, de forma quase espontânea. Mas o que os druidas já ensinavam é que a Terra é uma paragem que se formou fluidicamente e deve evoluir, e depois desaparecer.

Os pensamentos dos espíritos que se transmitiam aos druidas eram de seres que habitavam o espaço ou mundos já formados. Quando um mundo se acha em formação e precisa ser povoado por seres conscientes, o primeiro influxo que recebem é o que lhes dará, de forma imperecível, a crença na vida superior e invisível. Essa crença irá transmitir, através das gerações, a luz da consciência, a qual, do ponto de vista material, é necessária para a evolução e o trânsito através das múltiplas existências.

Voltemos às raças. Vimos que os druidas procederam à iniciação espiritual dos habitantes de uma parte da França. O camponês bretão daquela época era naturalmente primitivo, do ponto de vista da civilização humana. Através da história o encontramos invariavelmente ligado a três grandes princípios: o amor ao sobrenatural, o amor à terra e o amor por seu povo. O amor ao sobrenatural lhe veio desse influxo de vibrações transmitidas pelos médiuns druidas, e que, do ponto de vista humano, impregnou a matéria física de um misticismo alimentado pela imaginação religiosa e a fé ardente em tudo que é oculto. Daí o temor da vida futura no caso de uma descrença no Criador. Daí derivam a ingenuidade mística do povo e também a elevação sincera que inspira a dedicação dos marinheiros e a

O Gênio Celta e o Mundo Invisível 175

resignação de quase todos os habitantes da península armórica. A devoção é, para o bretão, o viático que mantém os elos da corrente das muitas existências. O invólucro físico do bretão absorve os eflúvios nutritivos do solo. Se ainda mantém na consciência o misticismo e a confiança na força divina, sente uma espécie de prazer em mergulhar na aura que se irradia do solo da Bretanha. Esse fenômeno lhe proporcionará equilíbrio, levando-o instintivamente a permanecer sobre esse solo. A natureza de sua região é como os braços de uma mãe amorosa, cujo coração é a fé mística transmitida pela irradiação do Alto. Em resumo, o amor ao sobrenatural e ao solo natal são os dois componentes principais da alma bretã. Nesse região de solo ardente e misterioso, cercado pelo mar, o bretão irá adquirir qualidades superiores do ponto de vista da sensibilidade mística.

O povo bretão é ao mesmo tempo sensível e forte. A sensibilidade vibratória lhe vem do espírito, e do solo o ardor e um toque rude que se refletem em seu temperamento.

A natureza armoricana alimenta em sua imaginação o culto das lendas, dos ritos e, apesar das vidas sucessivas e das deformações inerentes à civilização, quando a morte chega, o bretão desencarnado leva consigo os mesmos estigmas transmitidos há séculos. A marca do celtismo se imprimiu, pois, no povo bretão, como disse, por capilaridade, através do solo, e com as migrações humanas, a centelha celta tornou-se e continuará sendo uma chama que anima e ilumina a França toda.

Allan Kardec
9 de julho de 1926

Mensagem 9

- A diversidade das raças humanas

Os celtas foram os pais da espiritualidade. Essas palavras são de um dos grandes dignitários da Igreja, Leão XIII, que tive ocasião de encontrar no Espaço e me expressou essa idéia; dou grande importância a essas palavras, que provam que a visão do plano espiritual é mais clara que a da terra.

Sobre a pretensa origem oriental dos celtas, alguns historiadores se enganaram. Expliquei que, à época da formação da Terra, uma irradiação fluídica penetrou no Ocidente próximo à Bretanha, e transmitiu os elementos necessários provindos da vida universal. Várias irradiações dessas chegam ao vosso planeta. Muitas dessas correntes tinham bases diversas, embora a frequência das vibrações fosse a mesma.

Se no lado ocidental resplandeceu a bela luz espiritual celta, não se pode deixar de perceber que no Oriente, e mesmo no Extremo Oriente existe um misticismo muito elevado e que pode se aproximar de certas crenças celtas, como por exemplo o dos japoneses.

Do ponto de vista étnico, há elementos que têm conexão com os da Bretanha. Em consequência de um duplo fenômeno de irradiação, há seres humanos, influenciados pelas irradiações do Espaço e de seu solo natal, que podem apresentar as mesmas características que outras raças, em graus diferentes. Assim, existem características análogas entre os camponês bretão e o do Sul da Rússia, da Ucrânia: veneração pela natureza, ligação com a terra, crença inata no sobrenatural. Não é de admirar-se, pois, que alguns autores, não conhecendo os fenômenos magnéticos e supraterrestres, tenham se impressionado com essas analogias e reunido diversos povos num tipo único. Pode acontecer, porém, que entre duas vibrações elevadas surjam outras quase selvagens ou de organização rudimentar. Tendes uma prova na existência de povos selvagens, como os hunos estabelecidos na Hungria; mais ao norte, os germânicos, populações que no início se encontravam à mesma distância do raio celta e do raio oriental.

Cada povo evoluído se encontra sob a ação de um raio indutor da evolução, e se expande em ondas humanas em torno dele, até encontrar as ondas provindas de outro raio. Isso explica as diferenças étnicas, pois o raio celta (menciono-o porque é o mais próximo de vós) sendo de um nível espiritual bastante elevado, assim como o oriental, existem fora deles outros raios de características bem diversas, cuja luminosidade é rica de cores, e cujas vibrações são mais rudes. Esses raios representam a coragem brutal, a força dominadora; tendes um exemplo disso nos germânicos e nos hunos. Daí os choques entre as várias correntes e depois as lutas entre os povos. Essas correntes ainda existem, mas se transformam no decurso dos séculos; oferecem aos humanos o alimento e a assimilação do pensamento de acordo com seu nível evolutivo e a natureza de sua região. Certamente, pessoas situadas entre duas irradiações superiores podem, individualmente ou em grupo, assimilar mais conteúdos vibratórios superiores. É uma questão de consciência, no sentido literal do termo, e também de evolução pessoal.

A natureza dessas irradiações evoluiu bastante desde o início da vida autônoma do planeta. Os grandes fluxos espirituais superiores já não possuem a mesma energia transformadora do passado, e mesmo os menos espiritualizados se alteraram; daí as oscilações de cada povo. Encontra-se na história de todos eles épocas de elevação espiritual alternando-se com períodos de progresso material. É a lei do trabalho amplo e sem restrições.

A França nos parece hoje, do Espaço, ainda envolta por irradiações das esferas mais elevadas, mas que parecem encobertas por uma espécie de névoa, oriunda das emanações terrestres materializadas. Por isso tendes hoje, em vosso país, conflitos que não aconteciam com os celtas, que buscavam inspiração e se impregnavam das fontes da natureza.

Esses dois grandes raios que mencionei continuam a enviar seus fluidos vitais, que buscam manter nas consciências humanas a crença no invisível, na sobrevivência e na força divina criadora da vida universal.

Na Inglaterra, existe uma dupla tendência que nos assinala a proximidade do raio que originou o celtismo: 1ª) crença das classes cultas na existência do invisível; 2ª) misticismo na classe popular. Os refratários a essas duas tendências permanecem ligados aos gozos materiais e rejeitam o conhecimento superior. Encontrei ultimamente na Inglaterra famílias que ainda possuem uma fé sincera e profunda na bondade divina, que aceitam a sobrevivência e oram no silêncio da natureza. Ainda conservam viva a chama celta, não contaminada ao longo das gerações. Fiquei extremamente impressionado com os Espíritos que se acercavam dessas pessoas para manter-lhes a chama da consciência.

Na Bretanha francesa, essa pequena chama também existe, porém mais vacilante, porque as irradiações do ambiente afetam seu impulso ascensional. Na região central da França subsistem entre os camponeses partes da fé celta, gravadas no inconsciente; revelam-se em alguns deles por uma expressão de candura e sinceridade nas suas preces, único elemento que restou da influência celta. Nas cidades, ele desapareceu, por influência do materialismo.

O raio celta e o raio oriental não são as únicas irradiações elevadas que transmitem aos humanos a espiritualidade superior. Existe um raio muito belo na Escandinávia e outro no Egito, vindo do Golfo Pérsico, e que se prolonga pelo Norte da África até o Atlântico. Os raios celta, escandinavo e oriental são os mais puros. O raio celta é mais eterizado, mas o escandinavo possui mais cores. O raio oriental se compõe ao mesmo tempo da cor azul celta e do dourado solar que indica a força da crença mística.

Vossos filósofos e historiadores foram tocados pelas analogias que existem entre as influências das várias correntes e colocaram a origem dos celtas em diversos pontos.

Allan Kardec
23 de julho de 1926

Mensagem 10

• O raio celta (cont.)

O raio celta de que vos falo permaneceu através dos tempos na consciência francesa sob a forma do amor à terra. Os druidas possuíam em alto grau essa energia que fazia deles outros tantos polos magnéticos que podiam, por refração, transmitir às criaturas ao redor a chama mística e elevada que tinham recebido. Seu poder sobre as massas ignorantes era grande. Em determinada época, por intuição, certo número de druidas recebeu a missão de seguir mais adiante nesse território. Dotados de poderes ocultos, impressionaram os bárbaros e transmitiram seu magnetismo na encantação dos cultos, e dessa forma, aquele lençol fluídico se estendeu mais além, sobre a Gália.

É incontestável a passagem dos druidas no centro da França e na Lorena. Pode-se dizer que o celtismo é a origem radiante de onde surgiu o povo gaulês.

Por efeito dos ritos celtas, o homem se impregnou de misticismo, seu corpo se flexibilizou e pôde receber certas vibrações do Espaço. Essas vibrações não podiam se desenvolver gradualmente, porque as criaturas não possuíam a capacidade de recepção necessária para a assimilação dos fluidos.

As vibrações celtas originais ficaram impressas nas almas. Adormecidas durante a vida de alguns, despertaram em seus descendentes conforme suas capacidades.

Por isso haveis constatado em vossa história avanços e recuos que se traduzem pela elevação em busca do ideal ou a descida em direção à matéria.

Criaturas que atingiram o mesmo grau evolutivo e conservaram as vibrações celtas na mesma proporção não as exteriorizaram ao mesmo tempo e nos mesmos lugares. Um bretão que tenha recebido diretamente dos druidas, em sua região natal, a chama celta, a transmitirá a seus filhos, que a conservarão até o momento em que se acenderá sob a forma de uma chama inesperada.

Esse momento está próximo. Em breve ireis notar um movimento de espiritualidade constante e permanente. Deus tem projetos para a Terra. Pressentimos grandes acontecimentos, pois a espiritualidade fará a humanidade evoluir.

Allan Kardec
20 de agosto de 1926

Mensagem 11

- Método de comunicação entre os espíritos e os homens

Desde nosso último encontro, tive que buscar o método mais fácil para infundir na mente do médium e dos seres humanos a solução dos problemas que me propusestes. Entrei em contato com Espíritos de esferas superiores que me falaram sobre a transmigração dos seres desde sua origem. No Espaço nós nos situamos em uma esfera de densidade média e dali invocamos os Espíritos superiores. Eles não podem vir sempre, porque suas vibrações não podem ser mantidas por nós, mas seu pensamento nos chega, como as ondas terrestres atuam sobre o aparelho telefônico.

Quando a invocação é recebida e os dois seres desencarnados se acham em ligação, os pensamentos são transmitidos sob a forma de cores produzidas pelas vibrações.[1] Porém, quando pedimos soluções de problemas de um nível superior à compreensão dos humanos, nós desencarnados nos ligamos a encarnados que estejam no último nível da evolução terrestre.

Tomai dois indivíduos encarnados, de inteligência e compreensão diferentes, e abordai um assunto desconhecido deles. Será entendido de imediato por um e por outro não; será necessário um esforço da parte deste. O mesmo acontece no Espaço. Portanto, resolvi o problema da vida psíquica do ponto de vista das reencarnações, a correlação entre a vida humana planetária e a vida dos encarnados.

O que pedis, porém, é uma explicação, a mais precisa possível, sobre a molécula primordial, isto é, o ponto inicial da vida.

---

1 Referência clara às formas de pensamento, embora sem utilizar esse nome. (N.T.)

Preciso então trazer até vós a irradiação superior que desvenda o mistério. Quando ela tiver chegado até vós, terei condições de esclarecer-vos. Os mistérios da criação não podem ser desvendados a todas as criaturas. Para isso, é preciso que os homens se coloquem em condições especiais, afim de que suas vibrações se harmonizem com as vibrações superiores.

Será necessário reunir-vos em uma sala fechada, com as persianas cerradas. Receber as orientações à luz de uma lâmpada resguardada por um biombo. Antes da sessão deveis banhar a fronte do médium com um algodão embebido em água fresca. Ao incorporar-me nele, magnetizarei a água e ela servirá como um fluido amortizador.

Receberei então do espaço vibrações que me permitirão compreender os problemas. Prometi-vos um auxílio sério, e tereis os elementos que desejais; cumpre-vos reunir as condições para isso. Como consagrastes vossa vida à difusão de uma crença, assim como eu mesmo o fiz, vos tornastes meu colaborador na terra. Coloco a vosso dispor minha personalidade fluídica integral para conseguir a chave de uma questão misteriosa. Mas, para isso, é necessário que as vibrações das altas esferas venham tocar-vos diretamente.

A humanidade não pode transgredir as regras evolutivas que são as bases da vida universal. Para compreender um pouco que seja dessa vida, é necessário desenvolver a vontade e o anseio de elevação, imergir num banho fluídico puro e transformador.

Existem grandes Espíritos que são incapazes de compreender de onde e como vieram e para onde vão. Mesmo que o compreendam enquanto no Espaço, esqueceriam ao incorporar-se num médium e com mais razão ao reencarnar-se em uma nova existência.

Quando penso e reflito no Espaço, as vibrações psíquicas de meu ser podem atingir a plenitude de minhas faculdades, porém, ao incorporar-me no médium, essas vibrações diminuem e minha capacidade perde muito de seu poder. Existem mundos fluídicos onde a compreensão é mais clara que no vosso. À medida que a matéria perde seu poder, a condição psíquica se torna mais sutil e absorve mais facilmente as vibrações da vida universal.

O Gênio Celta e o Mundo Invisível

Em sua época de formação, vosso planeta ficou impregnado pelas grandes correntes que já mencionei, e se os celtas e druidas captaram suas vibrações diretas, é porque o planeta ainda vibrava por efeito de uma ação superior que foi se atenuando no decurso do tempo.

Allan Kardec
3 de setembro de 1926

Mensagem 12

- Origem e evolução da vida universal

Pedistes esclarecimentos sobre certos pontos obscuros da doutrina druídica. Com esse objetivo, coloquei-me em sintonia com as esferas superiores a fim de obter algumas informações sobre o foco superior de vida e amor. Como sabeis, três círculos formam as bases da doutrina celta, e o mais elevado corresponde ao nível divino.

Das explicações dadas pelos Espíritos superiores resulta que a inteligência humana não deve conhecer o segredo da fonte suprema da vida. Eis o que posso dizer-vos conforme as vibrações que me chegam.

Além dos planos constituídos pelas criaturas, à medida que evoluem através de suas vidas, existe uma esfera vibratória sem limites, que mergulha na imensidão do Universo, mas que só é percebida a partir de uma certa evolução. Essa esfera vibra, e a criatura terrestre que dela sai continua percebendo-a sob a forma de vibrações da consciência, no seu eu interior.

As vibrações desse grande foco estão em comunicação com a consciência, e quando esta se acha desenvolvida, o sentido místico também está. Ele está na razão direta da evolução da consciência.

O grande foco vibratório anima o Universo inteiro, e de degrau em degrau, cada ser recebe as inspirações e impressões diretas do foco a que chamais na Terra de Deus.

Um dia sabereis a definição exata do termo eterno, e compreendereis o que é a célula viva inicial desse grande círculo vibratório superior. Mas vosso cérebro humano explodiria se a chave do mistério lhe fosse transmitida. Agora, eis o ponto levantado sobre o objetivo e a chegada ao grande círculo superior em que reside o poder criador. As moléculas que dele emanam se espalham através do espaço como uma explosão de fogos de artifício. Elas se espalham em ondas que vão formar as centelhas criadoras dos seres. Em torno dessas moléculas fundamentais circulam vibrações que vão formar os focos que são os mundos. Essa criação se repete constantemente. Todo sistema criado tem sua vida própria e se subdivide em sistemas próprios. Os planetas têm sua vida, suas transformações. Os sóis, por sua vez, emitem ondas. Primeiro se forma o sistema gasoso, depois o mineral, o vegetal, até chegar à criatura humana. Esta, ser pensante, é animada pela centelha vinda do grande foco, enquanto os sistemas minerais e vegetais são criados por reflexos de geração secundária.

Assim é a evolução da matéria, chegando ao envoltório carnal, ao qual se adaptará a vibração inicial da consciência, em conexão direta com a suprema centelha. É assim que se estabelece a projeção.

A vibrações do grande Todo não são restritas a uma parte do Universo, como se acredita em geral, mas permeiam todas as regiões dele. Somente são perceptíveis pelos seres na medida do aumento de sua sensibilidade. As religiões, em suas concepções do paraíso e das regiões celestes, só apresentam imagens, mas é certo que as vibrações do pensamento divino animam todo o Universo.

Os Espíritos não se acham todos em condições de penetrar na esfera vibratória celeste, pois é necessário um grau suficiente de aperfeiçoamento para perceber e apreciar a beleza e a grandeza da vida superior. Cada sistema planetário tem seu grau de evolução, e chega um momento em que os seres evoluídos que vivem em planetas em vias de progresso, mergulham diretamente na esfera celeste. Os Espíritos comuns tocam os Espíritos iluminados sem os ver, mas em certas condições os Espíritos superiores podem se tornar visíveis a fim de esclarecer os menos evoluídos.

Quando o espírito em evolução pode, por seus méritos, entrar em contato com o plano superior e receber a vibração luminosa do grande foco, recebe uma impressão de força, de poder, e quando esse impulso cessa, fica com a percepção da luz que corresponde a seu grau evolutivo. Essa luz consiste em milhões de centelhas vibratórias que possuem uma irradiação intraduzível aos sentidos humanos e que embelezam seu perispírito.

* * *

Voltemos à partícula vibratória que parte do círculo de *Ceugant,* criadora da vida. Ela é toda pureza e luz, fonte das criações inferiores, que anima as sucessivas existências; tais são os elementos que constituem a vida mais elevada.

Os druidas foram colocados em vosso mundo para trazer o máximo possível da luz desse plano superior que sua consciência refletisse. Nos primeiros tempos, a iniciação era direta, pois essa consciência era pura.

Esse termo, consciência, significa para nós um centro vibratório ainda não contaminado e que pode se comunicar com o plano divino. Por isso é que, na análise de vossos semelhantes, embora seus atos vos pareçam repreensíveis, se sua consciência não estiver anulada, ainda resta neles um pequeno centro vibratório suscetível de reerguimento.

Nos primórdios de sua religião, os druidas gozavam dos benefícios de uma comunhão vibratória muito intensa, o que lhes dava o título de iniciados. Porém, ao contato com a matéria, por refração, os ensinamentos druídicos foram deformados pelos homens. As consciências se obscureceram e as intuições se velaram, e as iniciações terminaram.

Em graus diversos, a consciência humana é impregnada pelo divino. Conservará essa herança? Na desencarnação, a alma humana se transfere para o nível de luz que pode assimilar, segundo seu grau de recepção e de conservação das vibrações divinas.

Se, na partida da vida terrestre, a partícula divina estiver embotada pela matéria, o progresso é suspenso, a lembrança das paixões materiais perturba a consciência e provoca uma espécie de entorpecimento do ser espiritual. É o que os druidas chamavam de *princípio de destruição*, porque a evolução fica suspensa.

Para que a evolução retome seu curso, é preciso que Espíritos de luz dissolvam essa espécie de casulo passional fluídico para reanimar a centelha de consciência, e então o ser espiri-

O Gênio Celta e o Mundo Invisível 187

tual, reanimado, retomará sua marcha através das existências. São muitos os espíritos desencarnados que se acham parados na evolução.

Assim como a centelha amortece sua chama quando recoberta de cinzas, a consciência espiritual mergulha no vazio quando se acha muito carregada de matéria; esta, do ponto de vista vital, é apenas o suporte da essência espiritual.

Sabeis que a matéria é produzida pela velocidade maior ou menor das vibrações das diversas camadas de ondas emanadas de um ponto vibratório. Quando desse ponto emanam ondas espirituais para a formação de um mundo que deve receber as centelhas de consciência, é preciso que as moléculas vibratórias mais pesadas se transformem em matéria. .

No curso da evolução, chega um momento em que a molécula material se refina o suficiente para se tornar uma molécula vital consciente, e isso acontece quando essa matéria se desprende de um mundo inferior para retornar ao Espaço, unir-se às moléculas vitais de luz. Os druidas tinham intuição disso, pois dedicavam culto a certos objetos materiais.

Concluirei dizendo que a centelha vital consciente, uma vez lançada na imensa arena da vida, deve percorrer um ciclo de existências sucessivas através dos mundos e de espaços múltiplos, pois tudo que muda de forma, muda de meio. A marcha de sua evolução se dá na razão direta da conservação e do desenvolvimento da molécula vital consciente. Quando esta conclui um certo número de etapas em um sistema planetário, torna-se refinada e continua a subir na escala dos mundos, paralelamente a outras centelhas vitais conscientes.

Há portanto duas criações paralelas. A criação da centelha vital consciente, que corresponde ao ser humano, e a evolução da matéria que constitui os mundos.

Allan Kardec
15 de outubro de 1926

Mensagem 13

- As forças radiante do Espaço • O campo magnético vibratório

A propósito de uma pergunta sobre o tema de um artigo do *Matin* (3 de outubro de 1926) anunciando a descoberta de determinadas radiações do espaço.

Essa descoberta ou experiência apenas indica um caminho, pois, do ponto de vista psíquico, deveis receber os ensinamentos gradualmente, a fim de não vos confundir.

Os druidas já conheciam as ondas. No meio da natureza, as paixões materiais não exerciam uma influência nefasta.

O druida era iniciado a fim de deixar, para o futuro, registros que se aproximariam um dia das doutrinas científicas. Eles podiam assim elaborar fórmulas que constituíam, em seu conjunto, um ensinamento superior (alusão às *Triades*).

O druida recebia intuitivamente irradiações vindas de seres e focos superiores, através de ondas. Mas foram precisos séculos para que o ser humano, com seu trabalho pessoal, sua dedicação científica, pudesse assimilar todas as consequências de fenômenos que não poderiam ser admitidos à época dos druidas. Foi preciso, entretanto, que a doutrina pura fosse registrada pelo ser humano que vivia nessa época em meio à natureza, e se conservasse através dos tempos, a fim de que em certo momento, comparando a doutrina celta e a doutrina científica moderna, houvesse entre elas um elo definitivo.

Em breve veremos acontecer fenômenos extremamente curiosos para os não iniciados e atraentes para os iniciados. Se os diversos ciclos da doutrina céltica representam diferentes degraus de ascensão na vida espiritual, a descoberta de diversas espécies de ondas vos determinará a composição dos diversos planos[1] e dia chegará em que havereis de receber, com uma linguagem convencionada, escalas de cores parecendo pensamentos.

Quanto mais o meio vibratório for estudado e analisado, mais tereis a possibilidade de conhecer e captar as forças exteriores a vosso planeta.

Nós, que nos encontramos no Espaço, concebemos o fluxo da vida de uma forma bem diferente da vossa. Sabemos que vos são enviadas vibrações, que vosso ser humano as recebe, armazena algumas, mas que vossos sentidos são muito inferiores para permitir que as exteriorizeis. O campo vibratório magnético vos será revelado pouco a pouco. Não busqueis encontrar a chave do problema de uma só vez, pois vosso cérebro físico não suportaria. O druida, de certa forma imunizado, achava-se em relação quase direta com as forças superiores que, naquela época, tinham uma atuação maior que à época moderna. Foi necessário que naquele momento a vida fosse simples, rústica, e que a base espiritual se estabelecesse solidamente afim de que gradualmente a arte e a ciência viessem vos auxiliar a desenvolver o modelo que vos revele alguns ângulos da estrutura universal.

A ciência não poderia existir sem que a centelha inspiradora descesse do Alto, pois que todo problema artístico ou científico tem na base um componente de intuição, que é de ordem divina.

O druida respirava a atmosfera pura no meio da floresta, o cimo das árvores atraia as cortinas vibratórias que cercavam e cercam ainda vosso planeta. Diante da floresta havia o mar, que servia de condutor a outro polo magnético, que do ponto de vista psíquico servia para reforçar e estabilizar o conjunto. A grande massa fluídica deveria encontrar um equilíbrio na terra e nas águas.

O druida, quando contemplava o mar, era banhado pelas ondas emitidas pela floresta e que se refletiam, como num espelho, sobre a superfície líquida. É assim que lhe veio a intuição da existência dos ciclos que conheceis. Em resumo, sabeis que

---

1 As novas concepções de equivalência matéria-energia, a física das partículas recém iniciada à época e seus desdobramentos, acabariam nos permitindo compreender racionalmente a existência e composição dos diversos planos vibratórios, com matéria em frequências gradualmente superiores, o que à época do texto ainda não tinha suporte de conhecimento científico; parece que Allan Kardec alude a isso. (N.T.)

a onda é uma sucessão de círculos, do ponto de vista vibratório. Um dia sabereis por que o druida possuía essa intuição e por que, na obra divina, ela só se concretizou muitos mil anos depois. Podereis perceber que a doutrina celta por um lado, as doutrinas cristã e budista por outro, surgiram em países ao mesmo tempo montanhosos, com florestas e próximos do mar. Se o druida amava a floresta, o Cristo amava os montes. Daí, portanto, podeis inferir o fenômeno científico real de que a onda é captada melhor sobre um ponto elevado que nos lugares baixos, e que a proximidade do mar auxilia poderosamente a percepção das correntes vibratórias. A água capta o pensamento e o transmite; ela é necessária para a fecundação da terra – é um fato que considerais do ponto de vista material, e nós do ponto de vista espiritual.

As forças que provêm dos espaços são absorvidas por vossa Terra graças às superfícies aquáticas, à vegetação luxuriante, às montanhas, às colinas, às planícies, e todo ser humano pode ser tocado por essas ondas. Tivestes a prova disso ao estudar de perto a doutrina celta. Já vos falei das irradiações que vieram banhar a charneca e a floresta bretãs, irradiações e lençóis de ondas que se distribuíram igualmente sobre as diferentes regiões da terra. Mas devo dizer que vosso povo francês deve sua orientação em grande parte aos lençóis de ondas recebidos no oeste de vosso país.

O druida, por suas encantações e seu culto, atraía as forças invisíveis e sentia os seus efeitos sob a forma de toques fluídicos. Hoje, essa sensibilidade desapareceu na maioria dos humanos. É preciso estar em condições especiais para poder, como os druidas, sentir essa influência.

Pode-se dizer que o termo celtismo representa, para o homem moderno, a forma concreta de uma doutrina que tinha por base a assimilação, a concentração, o desenvolvimento e a irradiação de forças, fazendo parte integrante do movimento cósmico.

Eu vivi nessa época e posso vos afirmar que no tempo dos druidas o ser humano captava essa energia radiante que, no decorrer dos séculos, precisou adaptar cientificamente – só posso dizer assim – a seu envoltório carnal. Ele podia, assim, aprender a ler, a analisar e a dissociar os elementos impalpáveis e vibratórios capazes de lhe trazer esclarecimentos sobre o mistério da

O Gênio Celta e o Mundo Invisível   191

criação. O druida, por sua iniciação, era capaz de compreender a atuação dos lençois de ondas, porém tinha a seu redor uma massa humana primitiva, pouco evoluída para perceber essa atuação. Pela vontade superior, era necessário que essa época deixasse uma centelha que, nos druidas, se traduzia pela compreensão da evolução universal. Tendo a grandeza da evolução se gravado com força, a essência dessa doutrina permaneceria latente através dos séculos. Esse foi o objetivo do druidismo, que devia ser o detentor do conhecimento das forças superiores.

Restava propagar, entre o maior número de pessoas possível, a verdade dessa revelação. Dois fatores auxiliaram essa difusão: a teoria das vidas sucessivas e os transtornos materiais e morais que sucedem na vida dos seres e dos mundos.

Hoje, já vistes no curso da história as paixões nascerem, crescerem e decrescerem de acordo com as alternâncias de progresso e decadência, e através disso o ser humano elevar-se do estado selvagem ao atual.

As artes se desenvolveram, mas sua expansão foi entravada pela atrocidade das guerras. Em resumo, através de fluxos e refluxos incontáveis, chegou-se hoje a fazer penetrar em alguns cérebros a ideia de que a natureza e o ser humano são campos de atuação magnética que, sob certas condições, vibram e comandam sentidos que são mecanismos de equilíbrio da ordem universal.

O homem moderno evoluído buscará sua orientação nas forças superiores e se tornará semelhante à antena de vosso telégrafo sem fio. Não está longe o dia em que tereis certeza de que o infinito é o próprio Deus, e que a vida universal se encontra em toda parte, sendo os espaços campos vibratórios radiantes.

Allan Kardec
29 de outubro de 1926

Mensagem 14

• O celtismo e a Natureza • A evolução do pensamento

O celtismo é o símbolo de um pensamento que emana do infinito, transmitido por correntes que circulam nas artérias da vida universal. É uma das formas evolutivas da existência vibratória do Espaço. As árvores ajudaram poderosamente na captação dessas vibrações. O solo e as plantas associadas a elas também operaram nesse sentido.

O ser humano poderá também captar essas vibrações? Os druidas, que viviam em meio à natureza, sintonizando-se, por suas aspirações, à vida espiritual, foram dos primeiros seres que registraram essas vibrações sob a forma de intuições. Mas o druida era um ser um pouco especial, animado por uma fé ardente. Atuava em larga medida na vida material, no ambiente. Era um ser evoluído; mas os seres rudimentares que viviam em torno dele levarão séculos para serem capazes de captar essas vibrações do Espaço.

Percorrendo a História, podereis constatar que as flutuações morais se alternaram com as materiais. Assim como os druidas se apercebiam do fluxo e do refluxo do mar, as civilizações humanas seguem o fluxo e o refluxo do pensamento.

Pela lei da reencarnação, as massas humanas não possuem a mesma evolução, portanto não captam igualmente as vibrações do Espaço. Houve por isso retrocessos depois dos druidas. Foi preciso civilizar o ser humano, infundindo nele primeiro o cristianismo, depois o culto da beleza, através das artes e das letras. E por fim, a visão científica se desenvolveu, e o celtismo e a ciência chegarão fatalmente a se encontrar.

193

A doutrina celta, em sua limpidez e beleza, é como a essência do ensinamento que traz a fé numa vida maior. Através da história o ser humano foi tocado, em épocas diferentes, por inspirações geniais, e se colocardes lado a lado o ensinamento dos druidas e a captação intuitiva de ideias superiores mais ou menos modernas, vereis que existe uma correlação.

Colocando em paralelo a civilização humana e a evolução do pensamento, tendo por referência a visão celta, vereis que em todos os grandes momentos da história a centelha mais ou menos genial de vosso povo se alimentou nas fontes puras do celtismo. Porém, com o fluxo e refluxo das ideias, essa centelha ficou velada em diversos momentos pela falta de homogeneidade dos seres que viveram em certas épocas. Há uma lei que determina que o progresso nas encarnações não seja sempre constante. Mas na criação de um mundo há sempre elementos imperecíveis retirados da vida universal.

Os primeiros druidas inculcaram na população uma fé muito viva, por meio de exemplos retirados da natureza, mas em dado momento, a fé se obscureceu e foi questionada. Sua forma se alterou através dos tempos, mas se analisardes todas as religiões, encontrareis ali a essência do divino que anima incontestavelmente a pura doutrina celta.

Assim, o celtismo reconhece a existência de um foco superior que há de influenciar de forma racional o ser humano que vive em vosso planeta. Como os druidas foram envoltos pelas irradiações do Espaço, a fé, sob várias formas, tocou os indivíduos através dos tempos e agora, a fé e a ciência devem se encontrar.

Agora posso dizer-vos que o ser humano, após certo número de reencarnações, e quando possui uma sensibilidade definida e equilibrada, recebe diretamente pensamentos transmitidos pelas ondas do Espaço e que complementam seu livre-arbítrio, mas é preciso que tenha atingido um estágio superior para receber essas vibrações. Deve estar livre das emanações materiais que impedem a realização do fenômeno de recepção. Se o druida recebia quase que diretamente as intuições, é que ele as buscava na fontes da própria natureza.

Ele era fatalmente um iniciado. Através dos tempos, esses iniciados se reencontraram. Poderíamos chamá-los de neo-druidas. Não seria prematuro dizer que nos anos que se seguirão, se a fé intensa não nascer em certas pessoas, pelo menos ireis verificar, com o auxílio de vosso trabalho científico, fenômenos surpreendentes. Descobrireis o percurso ascendente e descendente de traços de ondas extraplanetárias. Os druidas ensinavam a existência dessas forças desconhecidas. As vibrações de amor pelo foco divino, a percepção da natureza sempre viva, foram os primeiros indícios de que tudo no universo é regido por leis superiores. As vibrações harmônicas mantêm a vida e fazem fluir através de seus elos a luz que esclarecerá o mistério da vida superior e divina. A doutrina materialista baseada unicamente na ciência perecerá. A doutrina espiritualista baseada na fé e na experiência deve ajudar a iniciação progressiva. É necessário que a inspiração gradual trazida pela fé espiritualista marche junto com a ciência. A ciência é o farol e a fé, a luz que o acende.

Allan Kardec
26 de novembro de 1926

Mensagem | 15

• Joana D'Arc, espírito celta anunciado por Jules Michelet

Eu amei a França, e minha alma se iluminou com um ideal superior. Registrei meu pensamento em minha obra *Histoire de France*. Com o auxílio de Joana d'Arc, que eu havia exaltado, esse ideal me ajudou a desencarnar, a encontrar meu caminho na luz celeste. Esse espírito que até agora tendes chamado de "o Espírito Azul", é sinônimo para vós de espírito de luz, de patriotismo e de amor. Ao dizer-lhe o nome, senti vibrações radiosas que me indicam que Joana d'Arc teria possibilidade de descer até vós e participar de vossa próxima sessão.

O celtismo, em meu entender, é a centelha embrionária absolutamente necessária à expansão da vida nacional francesa. É graças a essa irradiação de essência divina que o princípio que se transmite através das gerações francesas não desapareceu. O retorno alternado do ceticismo e do materialismo com a expansão da luz do idealismo constitui uma regra da lei da reencarnação.

Joana d'Arc encarna ao mais alto grau essa alma celta que, de modo essencial, se inspira em três grandes elementos: a fé no poder divino, a fé na vida que renasce através dos espaços e seus reflexos sobre os franceses. Isso se traduz no sentimento de patriotismo e no amor ao Deus criador. Joana d'Arc recebeu, durante toda sua vida de missionária, a irradiação que provinha de forças divinas. Se os seus olhos de carne não conseguiam ver a luz astral, seu subconsciente era iluminado pela vida celeste. Por isso ela possuía uma força extraordinária e buscava inspiração num ideal de beleza e de amor. Joana, como missionária e como francesa, veio trazer às massas bárbaras, desorientadas e desagregadas a iniciação que devia lhes servir de viático.[1]

Através dos tempos e das gerações é preciso que, de quando em quando, surja um foco tão puro quanto poderoso que receba as vibrações da corrente da vida universal. Desde as épocas mais recuadas, grandes iniciados desceram aos mundos físicos; tivestes em vosso mundo Buda, o Cristo e Joana d'Arc.

O celtismo é uma das formas de expressão da vontade divina, pois sua doutrina emana diretamente das fontes superiores e os druidas foram, em vosso território, os primeiros seres capazes de compreender e transmitir as sensações e os ensinamentos recebidos pela iniciação, e capazes também de difundir um ensino salutar às massas populares.

Joana d'Arc foi inspirada pelas suas vozes no Bois Chenu.[2] Ela recebeu de Espíritos superiores os ensinamentos que a fizeram uma heroína sagrada. O druida, com sua foice dourada na mão, não via os anjos do Bois Chenu, mas recebia as ideias da luz divina. Eis o que se passava com o druida. Ele entrava em êxtase, sintonizando-se com a natureza, e em certo momento percebia todo seu ser começando a vibrar. Sentia-se como erguido do solo, e seu ser físico ficava envolto por um círculo de eflúvios quentes, suaves e fortes, o que podeis traduzir em linguagem moderna como uma atração extática, vibração contínua e recepção de ondas radiantes por todo o ser. O druida, em realidade, era apenas um médium dotado de faculdades psíquicas e morais bem desenvolvidas.

Em certos momentos o druida não apenas sentia a influência astral, mas via também as luzes, as névoas e as condensações fluídicas. Se vivesse em vossa época atual, em função do avanço da ciência, ele poderia melhor explicar e compreender todos esses fenômenos, mas em sua época tudo lhe parecia maravilhoso.

Quando ele percebia apenas condensações de névoa, tinha a impressão de que um primeiro nível espiritual ocultava toda outra claridade. E quando recebia uma comunicação do tipo iniciático, parecia-lhe receber a presença da energia suprema, e que deveria inclinar-se diante dessa vontade desconhecida. Depois de dissipadas essas impressões, sucedia-se uma espécie de torpor, de abatimento, de embotamento, e a vontade huma-

---

1 Sacramento da Eucaristia ministrado aos que não podem sair de casa. (N.T.)
2 Bosque onde Joana d'Arc ouviu as vozes do Alto.

O Gênio Celta e o Mundo Invisível · 197

na, levada por um impulso que vinha de antes do nascimento, conferia ao druida a força de continuar a ensinar e espalhar em torno de si a fé nascente. Além disso, em geral, o druida possuía o dom de emitir radiações que influenciavam os seres em torno. Joana d'Arc recebeu as mesmas influências que os druidas, mas num nível ainda mais elevado.

A noção dos três círculos se transformou em planos bem distintos: o da ordem divina que emite suas luz e anima os grandes espíritos, o todo envolvido por uma luz mais ou menos viva que toca as criaturas sob a forma de graça, e o terceiro plano junto da terra e mais humano. Joana d'Arc foi portanto, em sua época, a grande iniciadora celta, pois veio em missão para espalhar em torno de si a fé que salva pela abnegação, a dor e a renúncia; sua influência humana foi grande, a espiritual é imensa. Cada partícula fluídica emanada de sua alma tem o dom de absorver através dos espaços os raios de luz mais alta que representam o astral divino, e quando o pensamento de Joana toca um ser humano, ele tem como um brilho dourado no qual cintila uma gota da luz divina.

Joana veio em seu tempo para reavivar uma atmosfera viciada pela frouxidão, os prazeres e o materialismo. Se o druida deu o impulso inicial, Joana d'Arc fez reviver uma luz que se apagava, filtrada pelos vitrais, obscurecida pelas paixões e a matéria.

É preciso, pois, ligar a claridade de Domrémy às da Armórica. Aliás, os druidas não se estabeleceram somente na Bretanha, mas foram também até as encostas dos Vosges.

Ao concluir, inclino-me profundamente diante de Joana, porque ela difundiu sobre sua terra a herança celta transmitida através de gerações.

A fé divina está acima de tudo; os grandes missionários vos devem fazer entender que o amor de Deus, o amor da humanidade e o amor pela terra natal são a essência das vibrações celtas.

Jules Michelet[3]

---

3 Historiador; sua obra mais famosa foi a *História da França* (N.T.)

Mensagem 16

• O celtismo na consciência francesa

É com emoção que desço a esta terra onde vivi, onde me doei a minha pátria e de onde parti para as esferas divinas. Estais preparando um livro sobre o celtismo e faço questão de dar-vos minha opinião sobre o assunto, pois vos devo um reconhecimento por terdes escrito sobre minha modesta vida. Grata, peço a Deus e aos maiores, de todo o coração, que vos abençoem e transmitam as intuições que permitem que a alma se expanda na beleza e na luz celestes.

O celtismo é a centelha que anima a fé superior no ser em que age; neste caso, os franceses. O celtismo representa, pois, a partícula inicial que fez despertar em nossos antepassados o conhecimento do infinito. Foi um dos raios que trouxe para a terra a lembrança da criação. Fé religiosa, certeza da evolução dos seres, crescimento da consciência através de sua história. Esses são os princípios recebidos pelos druidas e transmitidos oralmente às famílias de seu meio.

Descendo ao fundo de nossa consciência, aí encontramos a raiz do bem e do mal, e é ao celtismo que devemos o livre-arbítrio, na evolução da França. E o devemos no sentido de que, ao receber a iniciação superior, e não podendo mais duvidar da existência de Deus, nosso ser ficará impregnado desse fluido supravital que envolveu os druidas e se estenderá sobre as criaturas. Durante a marcha da história, houve deformações da iniciação original, mas não se pode negar que foram os druidas que transmitiram as claridades superiores sobre essa região do planeta de que ora tratamos. Ao exaltar a glória das esferas invisíveis e captar sua luz, o duplo sentimento do amor a Deus e do patriotismo integral se manifestou.

Se o celtismo nos revelou a luz divina, se ela faz vibrar nossas consciências e corações, nossos corações, repletos de fé mística, devem espalhar em torno deles as virtudes e benefícios recebidos. A vibração celta nos ensina também a amar a terra natal, e um sentimento que resume tudo nasceu daí; iria se desenvolver mais tarde e seguindo os acontecimentos: o amor pelo país, o patriotismo.

Luz divina que desceste a nós com os mesmos raios que envolveram os druidas, conseguiste fazer o ser humano atuar da forma mais radiosa. Os corações sentiram um impulso maravilhoso de mergulhar no éter astral. Do primeiro raio que envolveu os druidas aos impulsos desinteressados e generosos que animam a criatura, há uma estreita correlação.

Era preciso que o solo da França fosse banhado pelas vibrações cósmicas. A irradiação celta trouxe o impulso, e forma como uma das malhas da rede que envolve a Terra e deve manter, entre ela e o Espaço, uma comunicação intervibratória que é a prova da existência da vida universal.

Luz divina, que vieste tocar o solo da França, que foste transmitida pelo druida ancestral, envolve as criaturas e infunde em seu coração as virtudes nobres; afasta de seus sentidos as moléculas materiais que lhe obscurecem o espírito e detêm o seu voo para o infinito. Luz dos Espaços, flocos de amor saídos do coração do Altíssimo, o druida te recolheu; que tua irradiação permaneça estreitamente ligada às criaturas da França.

Desde essa época do primeiro contato, a irradiação celta continua a vibrar, porém a matéria, infelizmente, a empalideceu. Por certo chegará o dia em que as consciências se libertarão da ganga material. O celtismo então, como no tempo dos druidas, voltará a agir, mas enquanto se espera, louvamos as almas generosas que, bem intuídas, espalham em torno de si o amor divino transmitido pelas vibrações do espírito celta. Ó minha França bem-amada, absorve essa vibração azulada intensa. Que Deus jamais te abandone; que espíritos de elite te ofereçam sua alma e coração. Que um movimento generoso e desinteressado entreabra para o ser humano horizontes de claridade sem limites.

As ondas que, em cada instante, tocam o planeta, emanam do foco que, sobre o território da França, pode se chamar celta.

Que o maná divino, que as ondas emanadas das esferas de luz se espalhem sobre todos os corações franceses. Muitas consciências as sentem, mas queria que isso se generalizasse e que Deus se comunicasse pelas vibrações de Seu coração com o coração de meus irmãos bem-amados, que serão um dia iniciados no Seu reino.

Bendito seja o druida, o primeiro sacerdote, o primeiro apóstolo da terra da França. Graças a sua inspiração, os espíritos desencarnados puderam mergulhar nas fontes que espalham a luz divina. Que as vibrações do espírito celta não se extingam jamais. Que o horizonte se aclare sobre nosso belo país; que as almas mais doces, mais leves, se voltem mais para vós, meu Deus.

Que este livro, escrito com uma sinceridade e uma elevação de consciência absolutas, permita a todos os franceses voltar as almas para o infinito. Que a claridade celta una a fé em Deus Todo Poderoso e a terra-mãe, símbolo da pátria que representa o reino de Deus sobre a terra.

Deus é a luz suprema, a vida original, a grandeza eterna. Ao estudar e analisar o celtismo, essa força aumentará; o desejo de compreender as leis da vida universal tomará a criatura humana. Desejo de todo o coração que a fé celta reavive as esperança em cada coração humano e, se o autor deste livro tiver conseguido fazer com que se entenda que a fé é um dos mistérios da criação, uma centelha de luz divina tocará o leitor e lhe fará compreender que Deus jamais o abandonará.

Joana de Domrémy
(O Espírito Azul)

FIM

O Mundo Invisível e a Guerra
LÉON DENIS
Formato 14 x 21 cm • 202 p.

A França vivia o drama da Primeira Guerra, que a despertou de um devaneio que perdurara por mais de 20 anos. A maioria dos franceses buscava apenas o bem-estar, a fortuna, a sensualidade e os prazeres mundanos. Imperava na época uma profunda corrupção, a decadência moral, o personalismo desmesurado, a prostituição, o alcoolismo e escândalos de toda sorte, mostrando ao mundo o retrato de um povo decaído e uma nação condenada a desaparecer. A disciplina familiar e social, a consciência pública, o sentimento de dever, sem os quais não há um grande povo, estavam em franca decadência. Foi então que sobre ela se abateu a dor, a ruína e a morte, anunciadas com antecedência por numerosas comunicações que previam a invasão e a guerra.

É a partir desse contexto que Léon Denis é inspirado a escrever esta obra, em que faz uma análise dos horrores da guerra e suas consequências no plano espiritual, após ter acompanhado, durante três anos, a intervenção dos espíritos nos acontecimentos e observado os seus aspectos mais importantes. Sem o socorro do Alto e a legião de espíritos que apoiaram a nação e seus defensores, estimulando-lhes a coragem e a energia, e despertando o povo de um pesadelo vil, talvez a França tivesse sucumbido. Que lições resulta desse triste episódio em que uma tempestade de ferro e fogo se abateu sobre o país?

Escrito em 1919, *O Mundo Invisível e a Guerra* relata como se pode transformar uma "obra de morte" em uma obra de renovação e progresso, unindo vivos, da Terra, e mortos, do Espaço, pelos laços da solidariedade.

O GÊNIO CELTA E O MUNDO INVISÍVEL
foi confeccionado em impressão digital, em outubro de 2024
Conhecimento Editorial Ltda
(19) 3451-5440 — conhecimento@edconhecimento.com.br
Impresso em Luxcream 80g – StoraEnso